KB189756

청소년을 위한

# 논어

# 청소년을 위한
# 위한
# 논어

공자 원저 | 심범섭 지음

시대를 뛰어넘는 2천 년의 지혜를
청소년의 눈높이에 맞춰 풀이하다!

평단

머리말

어린 시절부터 동양고전은 생소하고 접근하기 어려운 책이었다. 특히 유학과 관련된 학문은 시대에 뒤떨어지고 형식과 절차만을 중요시하며, 젊은 세대를 구속하는 것이라고 생각했다. 그동안 현대 문물에 배타적인 태도를 보이는 유학의 모습만 보았기 때문이다. 또 조선 시대에 당파 간의 피를 부른 사화들이 유학에서 비롯된 것처럼 보였던 탓에 유학을 오해한 것이다. 그러나 나는 유학을 처음 공부하기 시작했을 때 큰 충격을 받았다.

내가 최초로 읽은 동양고전은 《논어》가 아니었다. 대학에서 전자공학을 전공하고 IT회사를 다니고 있던 나는 우연한 기회에 《주역》을 읽게 되었다. 내가 알고 있던 것과 달리 《주역》은 논리적이고 과학적인 사고가 담겨 있는 책이었다. 그때부터 고전의 매력에 빠져들기 시작했고, 심도 있는 고전 공부를 해야겠다는 생각에 한문 공부에 사서四書를 배우고 성균관대학교 대학원에 입학했다. 사서를 공부하면서 그 내용의 심오함과 진취적인 기상을 발견하고 새삼 고전의 진정한 가치를 깨달았다.

수년간 유학을 공부하면서 공자의 사상을 청소년기에 알았더라면 보다 일찍 가치관을 정립하고, 보다 넓은 인생을 경험할 수 있었을 것이라는 아쉬움이 마음속에 자리 잡았다. 또 공자가 말년에 집중적으로 탐구한 《주역》을 청소년기에 읽었더라면, 과학적인 사고와 관찰력이 증대했을 거라는 생각도 해보았다.

그러던 어느 날 출판사 측에서 《논어》를 청소년 눈높이에 맞춰 쉽게 풀어 쓴 책을 발간하고 싶다는 제안을 해왔다. 미천한 실력에 감히 책을 낼 용기가 나지 않았지만, 기존의 선배 학자들이 이룩해 놓은 결과들을 토대로 하여 미래를 꿈꾸는 청소년들에게 《논어》를 쉽게 전달할 기회라고 생각하여 책을 집필하기로 마음을 굳히게 되었다.

《논어》의 문장을 재배치하여 청소년에게 그 의미를 쉽게 전달하고자 하는 마음에 비약적인 해석을 했을 수도 있으며, 지나치게 의역을 했을 수도 있다. 그러나 이러한 방법이 《논어》를 처음 읽는 청소년들에게 친근하게 다가갈 것이라는 믿음을 갖고 책을 집필했다. 이런 점이 기존의 《논어》 관련 도서와 비교하여 신선할 수도 있을 것이다. 이 책이 잘못된 점이 있다면 저자의 몫이며 이 책이 조금이라도 가치가 있다면 공자부터 현대에 이르는 선배 유학자들의 노력의 소산일 것이다.

내가 유학을 공부하는 동안 한문과 동양사상에 대한 가르침을 주신 각 학회와 성균관대학교 대학원의 여러 선생님들께 감사의 말씀을 드린다. 특히 동양철학에 눈을 뜨게 해주신 성균관대학교 유학과 서경요 선생님과 선법과 무공을 전수해주신 장상한 선생님께 깊은 감사의 말씀을 올린다. 끝으로 이 책이 청소년기를 맞아 혼돈의 시기를 겪고 있을 사랑하는 나의 두 아들 재은이와 재하에게 큰 도움이 되었으면 한다.

심범섭

## ✸ 공자를 말하다

**신하가 군주를 죽이고, 자식이 아버지를 죽이고**

춘추전국시대의 주나라는 왕이 직접 지배하는 지역은 주나라(천자국)라고 했으며, 주나라를 세울 때 공을 세운 사람들과 왕의 친인척들에게는 봉토封土를 나누어주고 그 지역의 제후로 삼아 그곳(제후국)을 다스리게 했다. 제후가 다스리는 나라는 독립적이었지만, 주나라 왕실과 제후의 관계는 본가와 분가의 관계였다.

춘추시대로 접어들면서 철제 농기구의 보급으로 농업 생산량이 급속도로 향상되어 계층 간의 이동이 활발해졌고, 이때부터 혈연관계 중심의 봉건 질서가 와해되기 시작했다. 주나라가 만족(남쪽의 오랑캐라는 뜻으로 중국에서 남쪽 지방에 사는 민족을 얕잡아 이르던 말)의 침입을 받아 수도를 서쪽에 있는 호경에서 동쪽에 있는 낙읍으로 옮기면서 주나라는 권위와 통제력을 상실했다.

공자가 태어난 노나라는 공족公族(왕이나 공 등 신분이 높은 사람의 일가)에서 갈라진 삼환씨라고 불리는 맹손씨·숙손씨·계손씨 등의 세 가문이 세력을 떨

치고 있었다. 그들은 제
후의 권력보다 세력이
커짐으로써 노나라의
정권을 완전히 장악했
다. 그런데 계손씨의 가
신 양호는 계손씨를 제
압하고 노나라의 정권
을 장악하려고 했다. 이
처럼 질서가 무너지고,
신하가 군주를 죽이고,

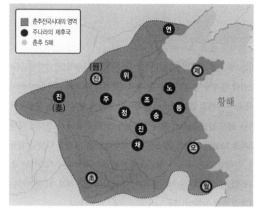

춘추전국시대

자식이 아버지를 죽이는 사건들이 발생하는 혼란한 시기가 춘추전국시대
였다.


### 공자의 공부에 대한 열정

공자孔子는 춘추시대 말기에 살았던 사람이다. 공자의 이름은 구丘, 자는
중니仲尼이다. 본명보다 공자로 많이 알려져 있는데, 공은 성이고 자는 '선
생'을 뜻한다. 공자는 노나라 추읍(현재의 중국 산둥성 곡부현 남쪽에 있는 추현)
에서 태어났다.

공자의 조상은 원래 송나라의 왕족이었다. 송나라는 주공(은나라를 멸망시킨
주나라 무왕의 동생)이 은나라 마지막 임금의 형인 미자계에게 내려준 나라였
다. 송나라의 제6대 임금인 양공희는 조카에게 왕위를 빼앗겼는데, 바로 이
양공희의 아들 불보하가 공자의 조상이다. 송나라의 제10대에서 제13대 임
금까지 보좌한 재상이 불보하의 자손 정고보였으며, 그의 아들은 공보가였

공자의 초상

공자의 가르침을 받기 위해 제자들이 공자의 곁으로 모여들고 있다.

다. 이 공보가의 '공孔'자를 따서 성으로 삼은 것이다. 공보가의 아들 자목금보는 송나라의 정쟁에 휘말리자 노나라로 망명했다. 이렇게 공자의 집안은 노나라 사람이 된 것이다. 공자의 아버지 숙량흘이 자목금보의 고손자(증손자의 아들)이다.

숙량흘은 제나라와의 전쟁에서 공을 세운 인물로 자식이 아홉이나 있었으나 60세가 넘은 나이에 젊은 여인 안징재에게서 아들을 얻었다. 그가 바로 공자다. 공자는 귀족 가문에서 태어났지만 아버지가 3세 때 세상을 떠나 어린 시절을 불우하게 보냈다.

공자는 홀어머니 밑에서 자랐지만 바르고 엄격한 가정교육을 받았다. 어렸을 때부터 공자는 옛글을 읽고 스스로 연구하고 공부하여 식견을 넓혀갔다. 또 자기가 모르는 것을 알고 있는 사람이면 반드시 찾아가 묻는 열의를 보였다. 한 예로 노나라보다 작고 문화 수준이 뒤떨어진 담나라의 제후 담자가 노나라를 방문한 적이 있었다. 공자는 담자가 고대의 관제官制(국가의 행정과 관련한 법규)에 대해 잘 알고 있다는 말을 듣고, 그를 찾아가 관제에 대해 묻고 배웠다.

공자는 스스로 자립했다고 말한 30대에 접어들면서 개인 문제와 가정생활의 문제를 벗어나 어지러운 세상을 바로잡는 일에 관심을 갖기 시작했다. 이때부터 공자의 문하로 제자들이 모여들었고, 본격적인 유가 사상을 바탕으로 한 교육을 시작했다.

### 공자의 천하 주유

이 무렵 노나라 정치는 기강이 문란해져 매우 혼란스러웠다. 삼환씨 중에서도 계손씨의 세력이 막강해졌는데 계손씨는 방자함이 지나쳐 노나라의 임금을 무시하기 일쑤였다. 벼슬자리에 올라 있던 공자는 임금을 중심으로 혁신적인 정치를 펼쳤다. 임금의 지위를 강화하기 위해 삼환씨가 다스리는 세 고을을 빼앗아 그들의 세력을 누르려고 했다. 이는 곧 노나라가 임금을 중심으로 정치적·군사적으로 회복되는 것을 뜻했으나 맹손씨의 반대로 실패했다. 또 대사구(오늘날 법무부장관)에 오른 공자는 나라의 정치 기강을 문란하게 했던 대부를 처단했다.

공자의 정치 개혁이 효력을 발휘하기 시작하자 이웃나라 제나라가 공자를 경계하여 책략을 꾸몄다. 제나라는 노나라 임금에게 80명의 미녀와 120필의 말을 선물했다. 임금이 정사를 돌보지 않도록 하

자신의 이상이 실현될 수 없음을 깨닫고 고향으로 돌아가 제자들을 가르치고 있는 공자

기 위함이었다. 결국 공자는 국내외의 방해 세력 때문에 뜻을 이루지 못했다.

55세에 노나라의 정치에 실망하여 벼슬을 버리고, 자신의 이상을 실현할 나라를 찾아 떠났다. 제자들과 함께 위·조·송·정·진·채·초나라 등을 돌아다니면서 유세遊說했다.

공자는 13년간 천하를 주유周遊하며 여러 나라의 임금을 만나 도덕정치를 주장했다. 그동안 공자는 생명의 위협도 받았고, 양식이 떨어지기도 했고, 제자들이 떠나기도 했다. 수많은 고난이 뒤따랐지만 공자는 천하를 돌아다니면서 이론과 실천을 겸비한 정치가라는 명성을 얻었다. 공자의 학문과 사상을 존경하는 사람도 점차 늘어났다. 그러나 제후들은 공자의 사상에 공감하고 찬성하면서도 이상사회를 이루려는 도덕정치를 실현하지 않았다.

### 공자가 꿈꾸는 세상

공자는 68세 때 그 불가능함을 깨닫고 고향에 돌아가 제자들의 교육에 전념했다. 공자의 제자들 중에서 염유·자공·자로·자유·자하·재여 등은 여러 나라에서 벼슬을 함으로써 정치에 참여했다. 공자의 학문은 여러 나라로 펼쳐나갔으나 공자의 이상이 실현되지는 못했다.

공자는 후세의 이상사회를 기약하며 다음 세대에 정치·사회·문화·사상·생활 등을 총망라한 지식을 전하기 위해 《시경》·《서경》·《역경》·《예기》·《악경》·《춘추》 등 육경을 편찬했다. 공자의 제자는 모두 3,000명이며, 특히 육예(예·악·사·어·서·수)에 통달한 문인이 72명이라고 전한다. 《논어》에는 27명의 이름이 보이는데, 공문사과孔門四科에서 뛰어난 제자들을 공문십철孔門十哲이라고 한다. 공문사과는 공자의 문하에서 행해졌던 네 가지 학과목이다. 〈선진편〉에 공자가 진陳나라와 채蔡나라에서 어려움을 당했을 때 공자

공자의 제자들은 스승이 죽자 삼년상을 지냈고, 자공은 6년 동안 그곳에서 지냈다.


가 자신을 따르던 제자들의 장점을 평가하여 열거한 네 가지 학과목으로 덕행·언어·정사·문학을 말한다. 덕행에는 안회·민자건·염백우·중궁, 언어에는 재아·자공, 정사에는 염유·계로, 문학에는 자유·자하가 뛰어났다고 전한다.

　이 무렵 아들 리와 제자 안회·자로가 잇달아 죽는 불행을 겪고 난 후 공자는 73세를 일기로 자공·증삼 등의 제자가 지켜보는 가운데 세상을 떠났다.

## ✸ 논어를 말하다

논어는 누가 지었나?

《논어》는 공자가 제자, 학자, 임금, 관리, 일반 사람 들과 문답한 내용과 제자들이 공자의 가르침을 서로 주고받은 내용을 모아놓은 어록語錄이다. 다시 말해《논어》는 공자가 지은 책이 아니라 공자의 제자와 그 제자의 제자들이 기록한 책이다.

《논어》를 편찬한 사람에 대해서도 여러 의견이 있다. 자하를 비롯한 칠십 명의 제자가 편찬했다, 자하·중궁·자유 등이 편찬했다, 증자의 문인인 악 정자춘과 자사 등이 편찬했다, 증자와 유자의 문인이 편찬했다, 민자건의 문인이 편찬했다 등의 설이 있다. 그중에서《논어》의 내용을 분석하여 근 거로 삼은 증자와 유자의 문인과 민자건의 문인이 편찬했다는 설이 신빙성 이 있다.

주자학을 집대성한 주희는 정자(북송 시대의 학자 정호와 정이 형제를 이르는 말) 의 말이라고 밝히면서 "《논어》는 유자와 증자의 문인들이 만든 것이다. 이

두 사람만이 《논어》에서 공자와 함께 '자子'를 붙인 존칭을 쓰고 있다"고 말했다. 민자건의 문인이 지었다는 설은 남송의 홍매가 주장한 것으로 "공자의 제자들에 대해 말할 때 모두 그 이름을 부르고 있는데, 오직 민손만은 자인 민자건으로 부르고 있다. 《논어》는 민씨에게서 나온 책이 분명하다"고 말했다.

공자의 옛집 벽 속에서 발견된 《논어》

《논어》의 각 편의 구성과 그 내용에 따라 지은이를 설명하기도 한다. 《논어》는 모두 20편으로 구성되어 있는데, 앞의 10편과 뒤의 10편이 내용상 차이가 있으므로 한 시기에 한 인물이 지은 것이 아니라는 것이다. 청나라의 최술이 그 이유를 밝혔다.

"《논어》 10편 중에서 앞의 10편만이 유자와 증자의 문인들이 기록했다. 공자와 시대가 가깝기 때문에 그 내용에서 예제禮制가 분명하다. 뒤의 10편은 후세 사람들이 그 뒤를 이어서 기록했기 때문에 시대의 영향을 받아 제도에 관한 말이 서로 같지 않은 것도 있다. 뒤의 10편 중에서도 특히 뒷부분 5편은 앞의 15편과 문체가 확연히 다르고, 공자의 말을 인용할 때도 '자왈子曰'로 하지 않고 '공자왈孔子曰'이라고 했다. 공자를 부를 때에도 선생님을 뜻하는 '부자夫子'라는 호칭 외에 공자의 자인 '중니仲尼'라고도 하며, 심지어 '공구孔丘'라고 직접 부른 곳도 있기 때문에 끝머리 5편은 후세에 붙여진 것이 분명하다."

### 학자들의 필독서, 논어

이처럼 여러 설이 있으나 《논어》가 공자의 사상이 담겨 있는 경전이라는

주자학의 관점에서 해설한 《논어》 주석서인 《논어집주 대전》

《논어》《맹자》《대학》《중용》

《시경》《서경》《역경》《예기》 《춘추》

점에서는 의견을 같이하고 있다. 현재까지 전해 지고 있는 《논어》는 그 판본이 형성하기 전까지 《제논어》《노논어》《고논어》 등 세 가지 판본이 전해졌다.

《논어》는 〈학이〉〈위정〉〈팔일〉〈이인〉〈공야장〉 〈옹야〉〈술이〉〈태백〉〈자한〉〈향당〉〈선진〉〈안연〉 〈자로〉〈헌문〉〈위령공〉〈계씨〉〈양화〉〈미자〉〈자 장〉〈요왈〉 등 20편의 편명으로 되어 있다. 각 편 의 이름은 그 편에 나오는 첫 구절의 맨 위의 글 자를 따서 지었다. 〈학이편〉은 학문과 덕행을, 〈요왈편〉은 역대 성인의 이상적인 정치를 주제로 삼았다. 각 편마다 주제가 있지만 용어가 통일되 지 않았고, 같은 문장이 중복되는 경우도 있다.

《논어》는 당시의 상황에 따라 함축적인 의미를 담고 있으며, 춘추시대에 사용되었던 표현 방법의 차이에 따라 정확하게 이해하기가 어려운 점이 있 다. 후세의 학자들은 다양하고 많은 《논어》의 주석서를 내놓았다. 그중 주희 의 《논어집주》가 알려짐에 따라 다른 주석서는 자취를 감추었다.

주희의 《논어집주》는 송나라 때 형병이란 사람이 쓴 《논어주소》의 경문을 바탕으로 여러 해설을 참고하여 지은 것이다. 주희가 지은 《논어집주》뿐만 아니라 《대학장구》《중용장구》《맹자집주》를 합친 《사서집주》가 유행하면서 《시경》《서경》《역경》《예기》《춘추》 등 오경 중심의 유학이 《논어》《맹자》《중 용》《대학》 등 사서를 중심으로 바뀌었고, 《논어》의 해설은 《논어집주》가 최 고의 권위를 가지게 되었다. 《사서집주》가 나온 뒤로 《논어》는 더욱 존중되어 널리 읽혔다.

주희 이후로 유가 경전 중에서 《논어》가 가장 중시되어 선비들의 필독서가 되었다. 원나라 이후로는 과거시험에 필수과목으로 채택되어 《논어》의 권위는 더욱 높아졌다.

일찍이 우리나라에도 《논어》가 들어와 학자들의 필독서로 널리 보급되었다. 《삼국사기》에 신라의 설총이 방언으로 구경을 읽었다고 했는데, 이 구경에 《논어》가 포함되어 있다. 이 사실로 신라 제31대 신문왕 이전에 《논어》가 우리나라에 들어왔음을 알 수 있다. 신문왕 2년(682년)에 국학을 설치했는데, 가장 중요한 교과서로 유가의 여러 경전과 함께 《논어》가 채택되었다.

백제는 일본에 《논어》와 《천자문》 등을 전했으며, 왕인 등이 일본으로 건너가 일본의 태자에게 여러 가지 경전을 가르쳤다는 기록이 있다. 이러한 기록을 보면 《논어》가 우리나라에 들어온 시기는 상당히 빠르다는 것을 짐작할 수 있다.

고려 시대에는 《훈요십조》 등의 내용에 《논어》의 인용문이 보이며, 성종 때에 국자감의 설치와 최충의 구재학당이 설립됨으로써 유학이 크게 진흥되었고, 충렬왕 때는 안향이 주자학을 도입하고 육경과 《논어》를 위주로 한 학문을 일으켰다.

고려 말의 성리학을 그대로 계승·발전시킨 조선 시대에는 《논어》가 더욱 중시되었다. 태조 원년(1392)에 확정된 과거제도법 이후로 시험과목으로 채택되었고, 성균관의 교육 과목에서도 사서삼경은 가장 중요한 과목으로 채택되었다. 조선 시대의 학자들은 《논어》를 비롯한 경전을 공부할 때 무엇보다도 경문 자체를 올바로 읽고 정확하게 해석하려는 노력을 기울였다.

### 우리가 논어를 읽어야 하는 이유

공자는 주周나라의 봉건질서가 쇠퇴하여 사회적 혼란이 심해지자, 나라의 기강을 확립해야 한다고 생각했다. 그의 가장 대표적인 사상은 인仁이며, '극기복례克己復禮(자기 자신을 이기고 예에 따르는 삶이 곧 인이다)'를 그 핵심으로 여겼다. 그는 인을 단지 도덕규범이 아닌 사회질서 회복에 결정적 역할을 할 수 있는 정치사상으로 생각했다.

공자는 춘추시대에는 예가 형식에 치중하고 본질과 멀어진 것에 대한 문제점을 제기하고, 예의 본질을 찾아 인·의·예 체계를 확립했다. 그의 이상은 예의 본질을 깨닫고 실천함으로써 가까운 가족부터 확립시키고, 이것을 확충하여 사회와 국가로 발전시켜 이해관계를 따지지 않고 사리사욕을 뛰어넘어 모든 사람을 사랑하는 마음인 인仁으로 천하를 다스리는 것이었다.

공자가 생존했을 당시의 상황과 현대의 환경은 다르기 때문에 그 실천하는 방법에는 차이가 있을 수 있으나 그 본질은 변함이 없다. 예를 행할 때의 마음가짐과 의義와 사랑이 조화된 인을 가까운 가족에서 비롯하여 멀리 미치게 함으로써 사회와 국가에 도가 이루어지게 하는 것은 오늘날에도 변함이 없는 것이다.

《논어》를 중심으로 한 유학을 중국만의 학문이라고 생각하는데, 유학은 동북아 공통 문화의 소산이다. 《논어》의 내용을 잘 살펴보면 우리 민족과 관련된 동이의 문화가 기본이 되어 있다는 것을 알 수 있다. 또 제사는 귀신을 섬기는 미신적인 행위가 아니라 부모를 공경하고 조상을 섬기는 방법이라는 것을 알 수 있을 것이다.

《논어》를 읽다보면 남에게 잘 보이기 위해서 예를 행하는 것이 아니라 자기 자신에게 부끄러움이 없도록 일상생활에서 실천하는 위기지학의 면모를 볼 수 있다. 그리고 선의의 경쟁에서 획득한 부귀는 정당하고 충분히 누릴 가치가 있다고 말하고 있다. 《논어》의 진면목을 충분히 이해하고 오늘날에 합당하게 적용한다면, 《논어》의 현대적 가치는 모든 사람들이 반드시 실천해야 할 내용으로 가득 차 있다. 공자의 이러한 생각이 《논어》에 담겨 있다.

論語

## 제1장

# 사람답게 사는 길

왕도 조화를 이루어 예를 행했다

군자는 의를 바탕으로 삼아 행한다

모든 사람에게 베푸는 사랑이 인이다

지혜로운 자는 물을 좋아하고, 인한 자는 산을 좋아한다

문을 지나다니지 않는 사람이 있는가

덕이 있는 사람은 외롭지 않다

"공손하지만 예가 없으면 수고롭고,
신중하지만 예가 없으면 두렵고,
용맹하지만 예가 없으면 분란을 일으키고,
강직하지만 예가 없으면 빡빡하다."

"오직 인한 사람만이
사람을 좋아할 수 있고 미워할 수 있다."

# 왕도 조화를 이루어 예를 행했다

《논어》에서는 예를 행할 때 조화를 중요하게 생각했는데, 유자[*]는 선왕[*]의 도를 예로 들어 조화에 대해 말했다.

"예를 행할 때 조화가 중요하다. 선왕들의 도는 이러한 조화로움을 아름다운 일로 여겼다. 그리하여 큰 일이든지 작은 일이든지 모두 조화를 따라 행했다."[1]

사람들은 자신만의 생각과 욕심이 있기 때문에 인간관계를 맺은 사람과 문제가 생기게 마련이다. 사람 사이에서 일어나는 마찰과 갈등을 해결하고 질서를 유지하기 위해서는 사람 간의 조화가 이루어져야 한다. 조화는 서로 잘 어울리는 것을 뜻하는데 조화를 이루는 기본적인 방법은 사람들 간에 서로 예절을 지키는 것이다.

조화를 이루기 위해서는 서로 균형을 이루고 화합해야 하고, 균형을 이루기 위해서는 욕심에서 벗어나 타인을 배려하는 마

■ 유자
성은 유有, 이름은 약若, 자는 자유子有이다. 공자의 제자로 공자보다 43세 아래이며 노나라 사람이다. 모습이 공자를 닮았으며, 공자의 제자 가운데 덕망이 높아 존숭을 받았다고 전한다. 그는 예禮의 주체를 공경恭敬이라고 했으며, 효孝·제弟를 인仁의 근본으로 중요하게 생각했다.

■ 선왕
요·순·우·탕·문·무·주공을 말하는 것으로 문화가 융성하고 질서가 유지되었던 태평성대 임금을 말한다.

음이 있어야 한다. 또 상대방의 개성을 존중하고, 나보다는 전체를 돋보이게 하는 것이 중요하다. 자신보다 연장자이거나 연륜이 깊은 사람에게는 공손한 마음을 갖고 행동하고, 자신보다 연소자이거나 연륜이 부족한 사람에게는 자애로운 마음을 갖고, 자신의 경험에 비추어 실수가 적게 발생하도록 이끌어주어야 한다.

대부분 예의는 아랫사람이 윗사람에게 지켜야 하는 것으로 알고 있다. 그러나 유학에서 말하는 예의는 그런 것이 아니다. 아랫사람이 윗사람에게 지켜야 할 예의가 있고 윗사람이 아랫사람에게 지켜야 할 예의가 있다. 친구 사이에서도 반드시 지켜야 할 예의가 있다. 상대방과 조화를 이루기 위해 실천해야 하는 예는 남녀노소를 불문하고 모든 사람에게 행해야 한다.

화합을 하기 위해서는 상호 간의 능력과 개성을 존중해야 한다. 사회는 피라미드 구조로

1  有子曰 禮之用이 和爲貴하니 先王之道 斯爲美라 小大由之니라.
　 유 자 왈 예 지 용　 화 위 귀　 　 선 왕 지 도 사 위 미　 소 대 유 지
제1 학이 12장

소수의 지도층과 다수의 일반인으로 구성되어 있다. 지도층이 다수의 일반인들을 이끌어가는 것 같지만, 세상을 만들어 가는 것은 다수의 일반인이다. 국민의 표가 없으면 국회의원으로 당선될 수 없는 것이 그 예다.

그러니 지도층과 국민들은 서로 존중하고 이해하고 화합해야 한다. 이렇게 조화가 이루어지면 우리가 살고 있는 사회는 화합하게 될 것이다.

"공자는 다른 사람과 노래를 부를 때 그 사람이 노래를 잘하면 다시 부르게 하고, 뒤에 그 노래에 화답했다."[2]

공자는 시와 예악을 중요하게 생각했다. 예는 절차와 법도에 따른 이성적인 행위로 형식적인 면이 있는데, 악은 이러한 형식적인 행위에 감성을 일으켜서 자발적으로 동화, 즉 조화를 이루게 하기 때문이다. '악'은 형식적인 예를 감성적으로 다루어 조화를 이루게 하고, 예는 다시 이러한 악을 절제하는 도구다.

그러나 《논어》에서는 지나친 조화를 경계한다. 예절의 목적

反之 그것을 되돌리다. 반복하게 하다는 뜻으로 쓰였다. 和之 그것에 응하다. 화답하다는 뜻이다.

---

[2] 子與人歌而善이어든 必使反之하시고 而後和之러시다. 제7 술이 31장
자 여 인 가 이 선　　　 필 사 반 지　　 이 후 화 지

은 조화를 이루는 것에 있으나, 그 목적만을 생각하고 자신이 속한 집단의 결속만을 생각하는 것은 예가 아니다. 그러한 마음이 들더라도 예로 절제해야 진정한 화합과 균형이 이루어지는 조화에 이를 수 있다.

"조화가 중요하지만 행하지 말아야 할 것이 있는데, 조화만 알고 생각하여 예로써 절제하지 않는다면 이것은 행하지 말아야 하는 것이다."[3]

전통적으로 우리나라는 명절(설날과 추석)에 차례를 지내고, 부모와 조부모가 돌아가시면 초상을 치르며, 매년 돌아가신 날 제사를 지낸다. 그런데 시간이 흘러 현대에 와서는 이러한 일이 복잡하고 번거롭고 형식적인 절차가 되고 말았다. 그러한 절차가 왜 필요한지 전혀 모르기 때문에 경건하고 슬퍼하는 마음 대신 힘들고 불편하고 번거롭다는 생각을 더 많이 하는 것이다.

예에 대해서 말할 때는 예의 형식과 본질을 모두 생각해야 한다. 예를 왜곡하여 생각하는 것은 예의 본질을 알지 못하고

---

3  有所不行하니 知和而和요 不以禮節之면 亦不可行也니라.  제1 학이 12장
　　유 소 불 행　　지 화 이 화　　불 이 례 절 지　　역 불 가 행 야

형식적인 예만을 생각하는 탓이다.

"상을 당하여 상을 치를 때는 오직 슬퍼하는 마음을 다하면 그만이다."[4]

자유가 한 말로 슬픔도 예로써 조절해야 한다는 뜻이다. 슬픔이 지나쳐 몸을 상하게 하거나 상을 지나치게 성대하게 치러서는 안 된다.

유학[■]은 형식적인 예를 중요하게 다루는 편이지만, 이 문장에서는 형식 안에 깃들어 있는 예의 본질을 더욱 중요하게 생각하고 강조하고 있다.

예는 아버지는 아버지로서 충실하고, 군인은 군인으로서 충실하고, 학생은 학생으로서 충실한 것이다. 그렇게 모든 사람이 각자 자신의 역할에 충실하고 서로의 마음을 이해하게 된다면, 가정과 사회는 조화로워진다. 예는 형식적으로 드러나는 행동 자체보다는 그 행동 안에 포함되어 있는 마음의 표현이다.

■ 유학

공자의 가르침을 근본으로 삼는 학문. 유학은 전한시대(기원전 202년부터 기원후 220년까지)에는 경세치용(정치적 실용) 학문으로, 후한시대(25년부터 220년까지)에는 훈고학으로 발달했다. 당나라 때는 정의의 학문, 송나라 때는 성리학, 명나라 때는 심학, 청나라 때는 실사구시(사실을 바탕으로 진리를 탐구하는 일)의 고증학으로 변천하면서 오늘에 이르렀다. 조선시대의 성리학이나 실학은 모두 유학의 한 갈래다. 유교는 유학을 바탕으로 윤리사상·정치사상·경제사상·교육사상 등으로 활용된 국가의 이념 체계이고, 유가는 공자의 학설과 학풍을 따르고 연구하는 학자나 학파 등을 말한다.

---

4　子游曰 喪은 致乎哀而止니라.　제19 자장 14장
　자 유 왈　상　　치 호 애 이 지

군자는 의를 바탕으로 삼아 행한다

예는 정의와 의리에 바탕을 두고 행해야 한다. 공자는 정의와 의리를 바탕으로 예를 실천하는 자가 군자라고 말했다.

"군자는 의를 바탕으로 삼고 예에 따라 행동하며 겸손하게 의를 나타내고 성실하게 의를 이루어야 한다. 이것이 군자다."[5]

옳고 그른 것을 판단하여 그 기준에 맞게 행동하는 일이 예를 올바르게 실천하는 것이다. 나를 낳아서 길러주신 부모님을 공경하고 부모님에게 효도해야 하듯이 내가 낳은 자식은 내 생명을 이어나갈 자손이므로 정성을 다해 키우고 교육을 시켜야 한다.

이것이 바로 부모 자식 간 의리의 기본이다. 그러나 사랑도 적절하게 베풀어야 사랑이지 그 정도를 넘어서면 집착이 될 수 있다. '의'는 이러한 모든 일의 기준이다.

예를 기준으로 삼아 정의를 실천하는 모습은 겸손하게 나타나야 하는데, 현대 사회는 자기 홍보 시대이므로 겸손은 지금 시대와 맞지 않는 것이라고 생각할 수 있다. 그러나 이러한 생각은 의리에 맞는 겸손을 생각하지 않았기 때문이다.

의리에 맞는 겸손이란 자신의 장점과 재능을 발휘하면서 주변 사람들이 재능을 발휘할 수 있도록 배려해주는 것이다. 국민 MC로 전성기를 누리고 있는 유재석은 기회가 있을 때마다 자신의 재능을 발휘하면서 다른 출연자에게 기회를 주어 능력을 발휘하도록 한다.

이렇게 남을 배려하는 겸손함으로 프로그램 전체의 조화를 만들어 내고 있다. 그 덕분에 유재석은 출연자를 살리는 국민 MC라는 명성을 얻었고, 이런 점이 그를 정상의 MC 자리에 올려놓았다.

"공손하지만 예가 없으면 수고롭고, 신중하지만 예가 없으면 두렵고, 용맹하지만 예가 없으면 분란을 일으키고, 강직하

孫 '손자 손'자이나 겸손할 '遜손' 자와 통용되어 '겸손하다'는 의미로 쓰였다.

5  子曰 君子는 義以爲質이요 禮以行之하며 孫以出之하며 信以成之하나니
   자 왈 군 자      의 이 위 질          예 이 행 지      손 이 출 지      신 이 성 지
   君子哉라.  제15 위령공 17장
   군 자 재

지만 예가 없으면 빡빡하다."[6]

　윗사람을 공손하게 대하는 것은 당연한 것이지만 필요 이상의 공손은 비굴함이다. 비굴한 행동은 예의 있게 행동하는 것이 아니라 그냥 수고로운 일이 되고 마는 것이다. 모든 일에 신중하고 조심스럽게 행동하는 사람이 있는데, 신중함이 지나친 사람은 두려워하는 사람처럼 보인다. 불의라고 생각하는 일을 고치려고 과감하게 행동하는 사람은 용감한 사람이지만, 정의 없이 과감한 사람은 자신의 기분 내키는 대로 일을 도모하여 분란을 일으킨다. 원리원칙대로 행동하지만 굽히기 싫어하는 강직한 사람은 자신의 생각이 항상 옳다고 생각하여 독선적이 된다. 강직한 사람이 선입견을 갖고 다른 사람의 행위를 평가하면 잘못된 판단을 하여 일을 그르치게 된다.

　일상생활에서 정의를 기준으로 삼아 예를 행해야 하는데, 공자는 군자▪가 생각하는 아홉 가지를 기준으로 삼으라고 말했다.

　"군자는 아홉 가지 생각을 한다. 눈으로 볼 때는 이것저것을

■ 군자
유학에서 '성품이 어질고 학식이 높은 지성인'을 일컫는 말이다. 춘추시대에는 높은 벼슬을 지낸 사람을 이르는 말로도 쓰였다. 또 아내가 남편을 일컫는 말로 쓰기도 했으며, 《예기》〈곡례편〉에 따르면, 군자는 '많은 지식을 갖고 있으면서도 겸손하고, 선한 행동에 힘쓰면서 게으르지 않은 사람을 군자라고 한다'고 나와 있다. 이에 반대되는 의미는 소인小人이다.

6　子曰 恭而無禮則勞하고 愼而無禮則葸하고 勇而無禮則亂하고 直而無
　　자 왈　공 이 무 례 즉 노　　　신 이 무 례 즉 사　　　용 이 무 례 즉 난　　　직 이 무
禮則絞니라. 제8 태백 2장
례 즉 교

놓치지 않고 모든 것을 밝게 볼 수 있음을 생각하고, 무엇을 들을 때는 조그만 소리라도 빼놓지 않고 분명하게 들을 수 있음을 생각하고, 타인을 대할 때는 온화한 얼굴로 대할 것을 생각하고, 모습을 보일 때는 공손한 몸가짐을 생각하고, 말을 할 때는 진실함을 생각하고, 일을 할 때는 다른 생각 없이 그것에만 집중하여 경건하게 하고, 의심스러운 것이 생겼을 때는 물어보는 것을 생각하고, 분노하는 일이 생겼을 때는 분노한 후에 어려움에 처하게 되는 것을 생각하며, 이득이 생겼을 때는 정의로운 것인지 그렇지 못한 것인지를 생각한다."[7]

군자가 생각하는 이 아홉 가지가 바로 올바른 예를 행하기 위한 생각이다. 밝게 보고 듣고, 다른 사람을 대할 때 몸가짐과 마음가짐을 의리에 맞게 해야 하는 것이다. 또 의리와 정의에 따라 일관성 있게 일을 처리하고, 의리를 정확하게 알기 위해서 공부하며, 자신이 불의라고 생각하고 맞선 일이 과연 정의로운 일이었는지를 생각해야 한다. 특히 이득이 생겼을 때에는 내가 정당하게 얻을 수 있는 이득인지 아닌지를 살펴야

聰 귀가 밝을 총
溫 따뜻할, 온화할 온
貌 얼굴 모
疑 의심할 의

---

7   孔子曰 君子有九思하니 視思明하며 聽思聰하며 色思溫하며 貌思恭하며
    공 자 왈   군 자 유 구 사     시 사 명     청 사 총     색 사 온     모 사 공
    言思忠하며 事思敬하며 疑思問하며 忿思難하며 見得思義니라.
    언 사 충     사 사 경     의 사 문     분 사 난     견 득 사 의
    제16 계씨 10장

■ **안중근**安重根
1879~1910. 구한말의 독립
운동가로 돈의학교와 삼흥학
교를 세워 인재 양성에 힘썼
으며, 만주 하얼빈에서 이토
히로부미를 사살했다.

■ **윤봉길**尹奉吉
1908~1932. 일제강점기의
독립운동가로 1932년 4월
29일 일본 천황의 생일을 기
념하는 행사장에 폭탄을 던져
일본 상하이 파견군 대장 등
을 즉사시키고 현장에서 체포
되었다.

만 한다. 정의와 의리는 항상 사사로운 이익 앞에서 흔들리기 쉬우니 말이다.

안중근* 의사, 윤봉길* 의사 등과 같은 분들을 지칭할 때 '의사義士'라는 단어를 쓰는데 이들은 조국의 독립을 위하여 자신의 목숨까지 바친 분들이다. 정의의 실천은 이렇게 살신성인의 행동으로 나타난다.

하지만 살인은 정당한 행동이 아니다. 빼앗긴 조국을 되찾고 식민지 백성으로 고통받는 백성을 위하여 적국의 원흉들을 살상한 행동은 도의에 어긋난 일이지만 수천만의 동포를 구하기 위한 정의로운 행동이다. 테러범들과 의사라고 불리는 이들이 구분되는 것도 이 때문이다. 테러범들은 자기의 조국을 위하는 마음은 의사와 같을지라도, 분쟁을 일으킨 당사자도 아니고 정치적으로 상관 없는 민간인들의 생명까지 위협한다. 그렇기 때문에 이들은 조국을 위해 목숨을 바치는 행동을 했을지라도 의사라고 말할 수는 없다. 의리에 맞고 정의로운 행동의 기준을 '의'라고 한다.

# 모든 사람에게 베푸는 사랑이 인이다

　예의 적절한 실천 기준은 의이다. 의가 이루어지기 위해서는 자신의 이익보다 다수의 이익을 먼저 생각하고, 끊임없이 노력하는 정신이 중요하다. 이러한 정신이 예의 본질로서 사사로운 이익을 생각하지 않고, 겸손한 자세와 성실한 실천의 근원이 되는 인(仁)이다. 인이란 어질고 인자한 모습으로 부모가 자식에게 베푸는 사랑과 같이 모든 사람과 자연을 사랑하는 마음의 근원이다. 그 사랑을 모든 사람에게 베푸는 마음이 인이다.

　인은 《논어》의 핵심 개념으로 《논어》에 인에 관한 문장이 무려 58개가 나오는데, 제자들이 인에 대해 물을 때마다 그 내용이 달랐다.

　"오직 인한 사람만이 사람을 좋아할 수 있고 미워할 수 있다."8

"진실로 인에 뜻을 두면 악함이 없다."⁹

"자기 욕심을 극복하고 예를 회복하는 것이 인을 행하는 것이다. 단 하루만이라도 자기의 욕심을 극복하고 예를 회복하면 천하에 모든 사람들이 인을 회복할 것이다. 인을 실천하는 것은 자기에게 달려 있는 것이지 남에게 달려 있는 것이 아니다."¹⁰

우리는 '죄를 미워하되 사람은 미워하지 마라'는 말을 자주 한다. 가족에게 악한 마음을 갖지 않는 것처럼 인에 뜻을 둔다면, 세상 모든 사람에게 악하게 행동하지 않을 것이다. 인은 선한 사람인지 악한 사람인지를 정확하게 판단할 수 있도록 해준다.

인은 가까운 가족 간의 사랑처럼 항상 가까운 곳에 있으며 가까운 곳에서부터 실천할 수 있다. 인이 어지러운 세상의 질서를 바로잡을 수 있는 위대한 사상이기 때문에 행하기 어려운 것처럼 생각되지만, 인은 일상생활에서 실천할 수 있는 일이다.

---

8  子曰 惟仁者아 能好人하며 能惡人이니라.  제4 이인 3장
   자 왈 유 인 자  능 호 인   능 오 인

9  子曰 苟志於仁矣면 無惡也니라.  제4 이인 4장
   자 왈 구 지 어 인 의  무 악 야

10  顔淵이 問仁한대 子曰 克己復禮 爲仁이니 一日克己復禮면 天下歸仁焉
    안 연  문 인   자 왈 극 기 복 례  위 인   일 일 극 기 복 례  천 하 귀 인 언
   하리니 爲仁由己니 而由人乎哉아.  제12 안연 1장
        위 인 유 기  이 유 인 호 재

"아름다운 꽃잎이 바람에 흔들리는구나. 이 모습을 보니 네 모습이 생각나지만, 멀리 떨어져 있으니 안타까울 뿐이다." 이 시를 읽은 공자는 멀리 있어서 보고 싶은 사람을 보지 못하는 것은 핑계라고 말했다. "그것은 생각하는 마음이 없는 것이지 결코 멀리 있는 것이 아니다."[11]

인은 실천하는 것이다. 사랑하는 사람이 멀리 있기 때문에 보고 싶어도 가서 보지 못하고, 바쁘기 때문에 찾아볼 수 없다는 것은 핑계일 뿐이다. 정말로 보고 싶다면 아무리 멀리 있어도 당장 달려가서 만나고 싶은 것이 사랑하는 사람들의 마음이다. 사랑하는 사람을 대하는 것처럼 적극적으로 인을 생각한다면 일상생활 속에서 언제든지 인·의·예를 실천할 수 있다. 인과 의와 예를 실천하다 보면 지식이 쌓이고 실제 경험을 통해 모든 일에 적용할 수 있는 지혜를 갖게 된다.

棣 산앵두나무 체
反 되돌릴, 뒤집힐 반. 뒤집을 '翻번'자와 같은 의미로 쓰였다.

---

11　唐棣之華여 偏其反而로다 豈不爾思리오마는 室是遠而니라 子曰未
　　당 체 지 화　편 기 반 이　기 불 이 사　실 시 원 이　자 왈 미
　　之思也언정 夫何遠之有리오.　제9 자한 30장
　　지 사 야　부 하 원 지 유

# 지혜로운 자는 물을 좋아하고, 인한 자는 산을 좋아한다

인의 본질적인 의미를 알고 적절한 기준을 세워 예로써 실천하는 사람은 올바르게 아는 사람이고, 올바른 지식을 제때 정확하게 일상생활에서 실천하는 사람은 지혜로운 사람이다. 번지"가 올바르게 아는 '지知'에 대해 묻자 공자가 말했다. "사람들이 의롭게 행동하도록 힘쓰고, 귀신을 공경하되 멀리하면 지혜롭다고 할 수 있다."12

지혜로운 사람은 자신만 잘한다고 세상이 변할 수 없다는 것을 알고 있다. 그러므로 많은 사람들을 의롭게 행동할 수 있도록 이끌어주는 사람이 지혜롭다.

공자는 지혜로운 사람과 인한 사람의 차이에 대해서 말했다. "지혜로운 사람은 물을 좋아하고, 인한 사람은 산을 좋아한다. 지혜로운 사람은 동적이고 인한 사람은 정적이어서 지혜로운 사람은 즐겁고 인한 사람은 장수한다."13 지혜로운 사

■ 번지
성은 번樊, 이름은 수須, 자는 자지子遲이다. 공자보다 36세 아래로 배움이 더뎠던 것으로 전해진다.

람은 모든 일에 통달하여 물 흐르듯이 일을 처리하여 막힘이 없다는 뜻이다. 인한 사람은 의리를 중요하게 생각하고 모든 생명을 사랑하는 마음이 한결같다는 뜻인데, 이것은 묵묵히 움직이지 않고 항상 그 자리에 있는 산과 같다. 동적이라는 것은 그때그때 융통성 있게 변화하여 움직인다는 것이다.

인의 본질을 염두에 두고 예를 융통성 있게 때와 장소에 맞도록 실천할 수 있게 해주는 것이 바로 지식과 지혜다. 그러나 인의 바탕(본질)은 절대로 변하지 않는 진리이기 때문에 흔들림 없이 자기 자리를 지키고 있어야 한다. 이러한 지혜를 활용할 때 우리는 즐거움을 느낀다.

樂 좋아할 요, 즐거울 락

"인하지 못한 사람은 가난한 생활을 오래 견디지 못하고 즐거운 생활도 오래 지속하지 못한다. 인한 사람은 인을 편안하게 여기고, 지혜로운 사람은 인을 이롭게 여긴다."14 진정으로 인한 사람은 정당하다고 생각하면 가난하더라도 즐겁고 행복한 생활을 오래 지속할 수 있다.

12 樊遲問知한대 子曰 務民之義요 敬鬼神而遠之면 可謂知矣니라.
   번지문지    자왈 무민지의   경귀신이원지    가위지의
   제6 옹아 20장

13 子曰 知者는 樂水하고 仁者는 樂山이니 知者는 動하고 仁者는 靜하며
   자왈 지자   요수    인자   요산    지자   동    인자   정
   知者는 樂하고 仁者는 壽니라.   제6 옹아 21장
   지자   락    인자   수

14 子曰 不仁者는 不可以久處約이며 不可以長處樂이니 仁者는 安仁하고
   자왈 불인자   불가이구처약    불가이장처락    인자   안인
   知者는 利仁이니라.   제4 이인 2장
   지자   이인

# 문을 지나다니지 않는 사람이 있는가

'도道'라는 한자를 풀이하면 '길'이다. 어떤 길을 찾아가기 위해서 지도가 필요한데 그 지도가 바로 인·의·예·지이고, 인·의·예·지가 알려준 길을 그대로 따라가는 것이 바로 도다.

사람에게는 욕심이 있어 마음으로는 도를 따라 실천하는 것이 옳다고 생각하지만, 막상 눈앞의 이익을 두고 도를 행하는 사람은 드물다. 이러한 인간의 마음을 이해한 공자는 도를 따를 것을 독려했다.

"밖으로 나갈 때 문을 지나지 않고 나가는 사람이 어디에 있는가? 그런데 왜 이러한 도를 따르는 사람이 없는가?"[15]

동물이 먹이 앞에서 자신의 새끼를 제외하고 먹이를 양보하지 않는 것처럼 인간이 이익을 눈앞에 두고 양보한다는 것은 무척 어려운 일이다. 그러나 인간은 질서를 유지하고 상대방과 원만한 관계를 맺기 위해 배우고 실천함으로써 동물과는

다른 사회생활을 한다.

  예를 들어 농기구를 만드는 사람은 농부에게 농기구를 만들어 주고, 이것을 사용하여 농부는 기구를 만들어 준 사람에게 곡식으로 되돌려 준다. 또 농부는 곡식을 생산하여 어부가 잡은 물고기와 교환하고, 소금을 구하기 어려운 내륙지방 사람은 지역의 특산물을 소금과 물물교환한다. 이처럼 사람들은 상부상조하며 살아가는 존재이므로 경쟁보다는 조화를 이루며 살도록 노력해야 한다.

  욕심은 이익을 눈앞에 두고 갈등하는 사람의 마음을 흩뜨려 놓는다. 그 때문에 법률을 정하여 강제적으로 욕심을 다스리기도 하는데, 법률로 다스리면 질서가 이루어질 것 같지만 아니다. 강제적인 방법이므로 반발이 일어나게 된다. 법에 따라 모든 질서가 유지되지 않을 뿐더러 세상 모든 일에 일괄적이고 공정하게 법을 적용할 수는 없다.

  법은 범죄가 일어날 경우를 대비하여 타율적으로 질서를 유지하는 도구이고, 도는 범죄가 일어나지 않도록 사람들이 사

15  子曰 誰能出不由戶리오마는 何莫由斯道也오.  제6 옹야 15장
    자 왈  수 능 출 불 유 호           하 막 유 사 도 야

전에 자발적으로 질서를 유지하는 도구이다.

공자는 도의 어려움에 대해 이렇게까지 말했다. "아침에 도를 들으면 저녁에 죽어도 좋다."[16] 단 하루만이라도 모든 세상 사람들이 도를 행한다면 행복한 세상이 될 것이다. 또 자발적으로 만들어진 행복이기 때문에 오래 지속될 것이다. 그렇기 때문에 공자는 죽어도 여한이 없다고 말한 것이다.

그러한 행복은 사람들 스스로 도를 행해 만들어야 하는 것이다. "사람이 도를 크게 하는 것이지 도가 사람을 크게 하는 것이 아니다."[17] 도라는 것은 인간이 인간답게 살기 위해서 스스로 깨닫는 것이다. 도는 남이 내게 만들어 주는 것이 아니라 내가 먼저 만들어 가는 것이다.

16  子曰 朝聞道면 夕死라도 可矣니라.    제4 이인 8장
    자 왈 조 문 도      석 사      가 의

17  子曰 人能弘道요 非道弘人이니라.    제15 위령공 28장
    자 왈 인 능 홍 도   비 도 홍 인

# 덕이 있는 사람은 외롭지 않다

성실하게 꾸준히 도를 실천하는 사람은 인한 사람이 되며, 다른 사람들에게서 존경을 받는다. 다른 사람에게 존경을 받는 사람을 덕이 있는 사람이라고 한다. 한마디로 덕이란 인·의·예·지를 꾸준히 실천한 결과다. 공자는 덕을 갖춘 사람은 주변에 따르는 사람이 있다고 했다. "덕이 있는 사람은 외롭지 않다. 반드시 이웃이 있다."[18]

함께 생활하는 사람들 중에서 유독 마음이 가는 사람이 있다. 이들은 친구나 윗사람들에게 좋은 평가를 받고, 자기 욕심을 내세우지 않고, 주변 사람들이 어려움에 처했을 때 앞장서서 배려해주는 사람들로 덕을 갖춘 사람이다. 인간이 마땅히 갖추어야 할 네 가지 덕을 사덕이라고 하는데, 인·의·예·지를 말한다. 어질고, 의롭고, 예의 바르며, 지혜가 있는 사람을 말하는 것이다. 인·의·예·지는 모두 각각의 덕으로 이를 모두 겸

성은 남궁, 이름은 괄, 자는
자용子容이다. 《논어》에서 남
용이라고 불리기도 한다.

■ 예

예는 유궁 땅의 임금이었다.
활을 잘 쏘아 하나라 임금 상
相을 죽이고 왕위를 찬탈했
다. 그러나 나라를 잘 다스리
지 못했고 자신의 신하 한착
에게 죽임을 당했다.

■ 오

오는 한착의 아들로 육지에
서 배를 끌고다닐 정도로 힘
이 셌다. 훗날 하나라 임금
소강에게 죽임을 당했다.

비한 사람은 사사로운 욕심 없이 일을 바르게 처리하여 주변
사람들에게 자주 칭찬받는다.

남궁괄■이 공자에게 물었다. "예■는 활을 잘 쏘고, 오■는 배
를 끌 정도로 힘이 셌지만, 둘 다 제 명에 죽지 못했습니다. 그
러나 우와 직은 몸소 농사를 짓고도 천하를 차지하여 다스렸습
니다."19 예와 오처럼 제아무리 능력이 뛰어나도 덕으로써 자
신을 다스리지 않으면 화를 입게 되어 있다. 우임금은 천하를
다스리는 천자의 자리에 올라서도 직과 함께 몸소 볍씨를 뿌
리고 농사를 지으며 살았다. 우임금은 백성에게 모범을 보이
며 덕으로써 천하를 다스린 것이다.

중국 역사에서는 요임금과 순임금이 덕으로 천하를 다스리
던 때를 태평시대(요순시대)라고 한다. 순임금은 왕위를 대물림
하지 않고 우에게 물려주어 백성을 돌보게 했다.

요와 순처럼 사사로운 욕심을 버리고 헌신적이고 사람들 간
에 의리를 지키며 행동을 절도에 맞게 하는 사람이야말로 덕
을 가진 사람으로서, 그와 같은 사람이 지혜로운 리더가 되어

---

18  子曰 德不孤라 必有鄰이니라.  제4 이인 25장
    자 왈 덕 불 고     필 유 린

19  南宮适이 問於孔子曰 羿는 善射하고 奡는 盪舟호되 俱不得其死어늘
    남 궁 괄   문 어 공 자 왈 예   선 사     오   탕 주       구 부 득 기 사
    然이나 禹稷은 躬稼而有天下하시니이다.  제14 헌문 6장
    연       우 직   궁 가 이 유 천 하

야 그 집단이 발전할 수 있다.

"빠르고 잘 달리는 말을 칭찬할 때는 그 힘을 칭찬하는 것이 아니라 그 덕을 칭찬하는 것이다."[20] 사람의 성품에 바탕이 되는 것이 사덕이라면 말의 덕은 빨리 달리는 것이다. 다시 말해서 덕이란 사람은 사람다운 것, 말은 말다운 것이다.

어떤 사람이 원망을 덕으로 갚으면 어떠하냐고 묻자 공자가 말했다. "그러면 덕은 무엇으로 갚아야 하느냐? 원망은 정직함으로 갚고, 덕은 덕으로 갚아야 한다."[21] 리더는 자신을 원망하는 사람이나 원망하지 않는 사람 모두에게 한결같이 공평하고, 사사로움이 없는 정직함으로 대해야 한다. 자신을 사람답게 대해준 사람에게는 똑같이 사람답게 대해주는 것이 올바른 행동이다.

驥 천리마 기. 하루에 천리를 달릴 수 있는 빠르고 좋은 말을 천리마라고 한다.

稱 칭찬할 칭

德 말의 덕은 잘 달리는 것이기 때문에 말이 잘 조련된 것을 말한다.

20  子曰 驥는 不稱其力이라 稱其德也니라. 제14 헌문 35장
　　 자 왈 기　불 칭 기 력 　칭 기 덕 야

21  或曰 以德報怨이 何如하니잇고 子曰 何以報德고 以直報怨이요 以德
　　 혹 왈 이 덕 보 원 　하 여　　　 자 왈 하 이 보 덕 　이 직 보 원 　　 이 덕
報德이니라. 제14 헌문 36장
보 덕

論語

제 2장

# 성실한 자세와
# 남을 배려하는 마음

한 줌의 흙으로 산을 만드는 것도 내게 달려 있다

모든 일을 경으로써 행하라

충으로 마음의 중심을 잡다

남을 배려하는 것이 곧 서이다

사람의 의지는 힘으로 빼앗을 수 없다

인을 이루게 하는 자발성

"마지막 한 줌의 흙이 모자라서
산을 만들지 못한 것도 내가 그만둔 것이다.
또 평지에서 한 줌의 흙을 처음 쏟아 붓고
산을 만드는 것도 내가 시작한 것이다."

"인이 멀리 있는가?
내가 인을 하고자 하면 당장 인에 이르는 것이다."

# 한 줌의 흙으로 산을 만드는 것도 내게 달려 있다

성실이란 진실한 상태에서 정성스러운 것을 말한다. 사람은 누군가에게 일을 시킬 때, 그 사람이 그 일을 성실하게 하기 바란다. 성실은 누가 보고 있다고 해서 열심히 하고, 보는 사람이 없다고 대충하는 것이 아니다. 성실은 혼자 있을 때도 참된 마음으로 정성을 담아 행동하려는 마음가짐이고, 남의 시선을 의식하여 행동하는 것이 아니라 마음에서 우러나는 자발적인 마음이다.

《이솝우화》의 〈토끼와 거북이〉는 성실함이 어떤 결과를 불러오는지 잘 보여주고 있다. 토끼는 선천적으로 빨리 달리는 능력이 있지만, 거북이는 그 반대다. 누구나 토끼가 결승선에 먼저 도달할 거라고 생각했지만 예상을 뒤엎고 거북이가 그 경주에서 이겼다. 거북이는 성실함과 의지가 있었기 때문이다. 재능이 많고 타고난 실력을 가진 사람도 자만에 빠지면 성실한 사람을 이길 수 없다. 이러한 생각은 예나 지금이나, 동양이나 서양이나 같다.

공자는 모든 일은 그 사람의 성실함에 따라 일의 결과가 달라진다고 말했다. "산을 만드는 것에 비유해서 말하자면, 마지막 한 줌의 흙이 모자라서 산을 만들지 못한 것도 내가 그만둔 것이다. 또 평지에서 한 줌의 흙을 처음 쏟아 붓고 산을 만드는 것도 내가 시작한 것이다."[1]

어떤 일에 도전했을 때 결과는 성공이나 실패로 나타나는데, 성실한 사람은 자기의 행동에 따른 결과를 책임질 줄 안다. 일을 할 때 주변 환경이 많은 영향을 미친다. 누구나 나쁜 환경에 처할 때가 있는데, 성실함은 그러한 불리한 조건들을 스스로 극복해 나가는 바탕이 된다. 성실한 마음가짐은 자발성, 책임감, 어려움을 극복해 내는 힘의 뿌리가 된다. 따라서 성실한 사람에게는 믿음이 가게 마련이다.

자유는 뜻만 지나치게 높고 성실하지 못한 친구

---

1    子曰 譬如爲山에 未成一簣하여 止도 吾止也며 譬如平地에 雖覆一簣나
      자 왈  비 여 위 산     미 성 일 궤     지   오 지 야   비 여 평 지   수 복 일 궤
     進도 吾往也니라.   제9 자한 18장
      진    오 왕 야

자장▪에 대해 말했다. "내 친구 자장은 어려운 일은 잘한다. 그러나 인하다고 할 수는 없다."[2] 나를 진심으로 도와주는 친구가 있는가 하면, 다만 나에게 잘 보이기 위해서 도와주는 친구가 있다. 처음에는 그 사실을 알아차리지 못하지만 시간이 지날수록 그 사람의 진심을 알게 되어 성실함이 없는 친구에게는 믿음이 없어진다.

유자는 친구와 윗사람에게 신뢰를 쌓는 방법에 대해 말했다. "친구관계에서 신뢰가 의리에 가까우면 그 약속한 말을 실천할 수 있으며, 선배에게 행하는 공손함이 예에 가까우면 치욕을 멀리할 수 있고, 어른에게 의지할 때 친함을 잃지 않으면 오래도록 받들어 모실 수 있다."[3]

사람들은 믿음을 주는 사람을 의지하는데 이는 신뢰감 때문이다. 더불어 타인에게 신뢰감을 주는 사람들은 항상 환영받는다. 사회생활을 할 때 성실하게 행동하면 신뢰를 쌓게 되고 그러면 차츰 중요한 일을 맡게 된다. 성실한 사람은 자신이 맡은 일을 책임감 있게 수행하고, 어려운 여건 속에서도 잘 대처

■ 자장
성은 전손顓孫, 이름은 사師, 자는 자장子張이다. 공자보다 48세 연하로 공자의 제자 가운데 자천子賤과 함께 나이가 어리다. 재주가 뛰어나고, 넓은 아량을 보였다고 전해진다.

2  子游曰 吾友張也 爲難能也나 然而未仁이니라.  제19 자장 15장
   자 유 왈  오 우 장 야  위 난 능 야   연 이 미 인

3  有子曰 信近於義면 言可復也며 恭近於禮면 遠恥辱也며 因不失其親
   유 자 왈  신 근 어 의   언 가 복 야   공 근 어 예   원 치 욕 야   인 부 실 기 친
   이면 亦可宗也니라.  제1 학이 13장
        역 가 종 야

하여 일을 성공적으로 수행하기 때문이다.

자하는 신임을 얻은 후에 백성들에게 일을 시키고 윗사람에게 옳은 말을 해야 한다고 했다. "군자는 백성들에게 신뢰를 얻은 후에 일을 시킨다. 백성은 신뢰를 얻지 못한 군주가 일을 시키면 자신들을 괴롭히는 권력자라고 생각한다. 군자는 윗사람에게 신임을 얻은 뒤에 윗사람의 잘못을 간해야 하니, 신임을 얻지 못하고 간하면 자신을 비방한다고 생각한다."[4]

"남쪽 나라 사람들의 말에 이런 말이 있다. '사람이 꾸준한 마음인 항심이 없다면 무당과 의원같이 비천한 일도 할 수 없다.' 좋은 말이로다."[5] 공자가 살던 시대는 요즘과 달라 무당과 의사는 천한 직업이었다. 비록 비천한 일을 할지라도 꾸준히 성실하게 하지 않는다면, 그 일조차도 할 수 없다는 뜻이다. 무슨 일이든 꾸준히 하지 않으면 성공할 수 없다.

"나는 모든 것에 완벽한 성인을 만나볼 수 없다면 재능과 덕이 있는 군자라도 만나면 좋겠다. 인에 뜻을 두어 악함이 없는 선인을 만나볼 수 없다면 오래토록 변하지 않는 마음을 가진

諫 간할 간. '임금에게 잘못한 일을 말하여 고치도록 충고하다'는 뜻이다.
謗 비방할 방
醫 의원 의, 치료할 의

4　子夏曰 君子는 信而後에 勞其民이니 未信則以爲厲己也니라 信而後에
　　자 하 왈　군 자　　신 이 후　　　노 기 민　　　미 신 즉 이 위 려 기 야　　　신 이 후
諫이니 未信則以爲謗己也니라.　제19 자장 10장
간　　미 신 즉 이 위 방 기 야

5　子曰 南人이 有言曰 人而無恒이면 不可以巫醫 하니 善夫라.　제13 자로 22장
　　자 왈　남 인　유 언 왈　인 이 무 항　　　불 가 이 무 의　　　선 부

성실한 사람이라도 만나볼 수 있다면 좋겠다. 없으면서 있는 척하며, 비었으면서도 가득 차 있는 것처럼 하며, 적게 있으면서도 많이 있는 척한다면 오래도록 변하지 않는 마음을 갖기는 어려울 것이다"[6]

　성실한 생활을 꾸준히 하는 데는 마음가짐이 중요하다. 성실함을 바탕으로 생활의 질을 높이도록 노력해야 한다. 그 성실함에 따른 긍정적인 결과를 만들어 내기 위해서 필요한 것이 집중력이다. 예를 들어 하루도 빠짐없이 독서를 하더라도 집중하여 읽는 것이 아니라면, 그 내용을 알 수 없다.

亡 망할 망, 없을 무
盈 가득할 영
約 검소할 약, 궁핍할 약

6　子曰 聖人을 吾不得而見之矣어든 得見君子者면 斯可矣니라 子曰 善人
　　자왈 성인　오부득이견지의　　　득견군자자　사가의　　자왈 선인
을 吾不得而見之矣어든 得見有恒者면 斯可矣니라 亡而爲有하며 虛而
　　오부득이견지의　　　득견유항자　사가의　　망이위유　　허이
爲盈하며 約而爲泰면 難乎有恒矣니라.　제7 술이 25장
위영　　약이위태　난호유항의

# 모든 일을 경으로써 행하라

성실은 하던 일이나 생각을 멈추고 마음을 고요하게 간직한다는 뜻의 경敬과 함께해야만 진정한 가치가 있다. '경'은 '경건하다', '공경하다' 등에 쓰이는 글자이다. '경건하다'는 중요한 행사나 신성한 의례를 치를 때 다른 것을 삼가고 엄숙하게 행동하는 것을 말한다. '공경하다'는 공손하게 받들어 모시는 것으로 그 행동에 대한 결과가 좋고 나쁜 것을 생각하지 않고 정성을 다하는 것이다. 경을 다른 말로 '주일主一'이라고도 하는데, 말 그대로 정신을 한곳으로 모아 집중하는 것이다.

자로가 군자에 대해 물어보니, 공자가 대답했다.

"경으로써 자기의 몸을 닦아 인격을 수양해야 한다."

"그렇게만 하면 되는 것입니까?"

"자신의 인격을 수양해서 다른 사람들을 편안하게 하는 것이다."

"그렇게만 하면 되는 것입니까?"

"자신의 인격을 수양해서 백성을 편안하게 하는 것은 요임금과 순임금도 오히려 어렵다고 여기셨다."[7]

자신의 몸을 닦아 인격을 수양한다는 것은 스님이나 도인들이 수양하는 것과 같은 의미이다. 수양을 하기 위해서는 고도의 집중력이 필요한데, 집중은 평정심을 갖고 현재 자신이 하는 일에 전념하는 것이다. 다시 말하면 집중은 어떤 일을 시작할 때 가졌던 초심을 잃지 않고 초지일관*하는 것이다.

공자는 경으로써 나라를 다스려야 한다고 말했다. "나라를 다스릴 때는 모든 일에 전념하고 믿음이 있게 하여 백성들의 신뢰를 얻고, 재물을 쓸 때는 절약하여 쓰고 다른 사람을 사랑하고, 나랏일을 시키기 위해 백성을 동원할 때는 때에 맞게 해야 한다."[8] 경은 나라를 다스리는 일에서도 효과를 나타내는 아주 중요한 자세다. 간단히 말하자면 '경'은 과거와 미래는 염두에 두지 않고 현재 이 순간에 가장 충실한 것을 말한다.

마음속으로 경을 되새기면서 모든 일을 성실하게 하면 자신

■ **초지일관**
初 처음 초, 志 뜻 지, 一 한 일, 貫 꿸 관. 처음에 세운 뜻을 끝까지 밀고 나간다는 뜻이다. 하나의 이치로써 모든 것을 꿰뚫는다는 뜻의 일이관지一以貫之와 같은 말이다. 〈위령공편〉과 〈이인편〉에 나온다.

---

7　子路問君子한대 子曰 修己以敬이니라 曰 如斯而已乎잇가 曰 修己以
　　자로문군자　　　자왈 수기이경　　　왈 여사이이호　　　왈 수기이
安人이니라 曰 如斯而已乎잇가 曰 修己以安百姓이니 修己以安百姓은
안인　　　　왈 여사이이호　　　왈 수기이안백성　　　수기이안백성
堯舜도 其猶病諸시니라.　제14 헌문 45장
요순　　기유병제

8　子曰 道千乘之國호되 敬事而信하며 節用而愛人하며 使民以時니라.
　　자왈 도천승지국　　　경사이신　　　절용이애인　　　사민이시
제1 학이 5장

의 판단에 자신감을 갖게 되고, 모든 일에 적극적인 사람이 될 수 있다. 마음속에 경을 갖기 위해서는 마음의 중심을 잡을 수 있어야 한다. 자장이 덕을 높이고 미혹"한 것을 분별할 수 있는 방법을 묻자 공자가 말했다.

"충과 신을 우선으로 하며 항상 자신이 하는 일들이 의에 맞는 일인지를 생각하는 것이 덕을 높이는 것이다. 사랑하면 그가 살기를 바라고 미워하면 그가 죽기를 바라는데, 이미 그가 살기를 바라다가 또 죽기를 바라는 것, 이것이 미혹한 것이다."9

성실과 경은 자신의 마음에 중심이 서 있어야만 가능하다. 이런저런 일에 휩쓸리고 주변 환경에 부화뇌동"하면 성실과 경은 이룰 수 없다.

---

9　子張이 問崇德辨惑한대 子曰 主忠信하며 徙義가 崇德也니라 愛之란
　　자장　문 숭 덕 변 혹　　자 왈 주 충 신　　사 의　 숭 덕 야　　애 지
欲其生하고 惡之란 欲其死하나니 旣欲其生이요 又欲其死가 是惑也니라.
욕 기 생　　오 지　 욕 기 사　　기 욕 기 생　　우 욕 기 사　 시 혹 야
제12 안연 10장

# 충으로 마음의 중심을 잡다

'충忠' 자를 들으면 나라에 충성하고 임금에게 충성한다는 뜻으로만 생각하게 된다. 충성은 진정한 마음에서 우러나오는 정성을 뜻하는데 나라에 충성하는 것도 충이지만, 충의 본래 뜻과는 거리가 있다. 충은 가운데 '중中' 자와 마음 '심心' 자가 합쳐진 글자다. 말 그대로 '마음의 중심을 잡는다'는 뜻으로 주변 환경에 마음이 흔들리지 않는다는 것이다.

사람은 타인을 의식하고 타인에게 잘 보이고 싶은 마음이 있다. 하지만 공자는 먼저 상대방을 알아야 한다고 말했다. "남이 자신을 알아주지 않음을 걱정하지 말고, 내가 남을 알지 못하는 것을 걱정해야 한다."[10] 대체로 사람들은 타인이 자신을 알아주기 바란다. 이런 행동은 오히려 상대방에게 반감을 살 수 있다. 자기 자신을 자랑하는 것은 자신을 드러내는 것인데 그러한 행동은 자신의 장점과 단점을 상대방에게 보여주어 경

사람들이 날 알아주지 않아서 걱정이야

그런 걱정 말고 중심이나 잘 잡으셔

■ 중국 오나라 손무가 지은 병법서 《손자병법》 〈모공편〉에 나오는 말이다. 원문은 '지피지기백전불태知彼知己百戰不殆'인데 '지피지기백전불패' '지피지기백전백승'으로도 응용되어 쓰인다.

쟁에서 불리하게 작용할 때가 많다. '자기를 알고 남을 알면 백 번 싸워도 위태롭지 않다'<sup></sup>는 말이 있다. 승패를 떠나서 목표를 이루기 위해서는 자기 자신을 정확하게 아는 것이 남을 아는 것보다 중요하다는 뜻이다. 공자는 군자에 빗대어 말했다. "군자는 자신의 무능함을 괴롭게 생각하고, 남이 자신을 알아주지 않는 것을 원망하지 않는다."[11]

마음의 중심을 잡고 있는 사람은 자신을 바로 알고 남을 이해하고 배려하는 행동을 한다. "인한 사람은 자신이 서고자 하는 곳에 남도 세우고, 자신이 통달하고자 하는 일에 남도 통달시킨다."[12] 자기 자신을 정확하게 판단하여 자신의 능력을 바로 알고, 남을 이해하고 배려하는 마음 또한 충이다. 상대방이 나보다 능력이 있다면 그 사람이 나보다 명예로운 자리에 오르게 하고, 그것을 축하해주는 넓은 마음을 가져야 한다. 자신의 부족한 능력을 깨닫고, 성실한 마음으로 부족한 능력을 키워나간다면 반드시 좋은 결실을 맺게 될 것이다.

다른 사람에게 양보하라는 것은 선의의 경쟁에서 양보하라

10  子曰 不患人之不己知요 患不知人也니라.  제1 학이 16장
    자 왈 불 환 인 지 불 기 지     환 부 지 인 야

11  子曰 君子는 病無能焉이요 不病人之不己知也니라.  제15 위령공 18장
    자 왈 군 자     병 무 능 언     불 병 인 지 불 기 지 야

12  夫仁者는 己欲立而立人하며 己欲達而達人이니라.  제6 옹야 28장
    부 인 자     기 욕 립 이 립 인     기 욕 달 이 달 인

는 뜻이 아니다. 자신의 능력에 맞지 않는 위치에 올라 그 일을 제대로 못하는 것보다, 그 일의 적임자를 그 자리에 오르게 하는 것이 양보다. 이는 사회를 구성하는 모든 사람에게 이익이 되는 행위다.

남을 배려하는 일은 자기의 그릇을 크게 만드는 것이고, 그러한 배려의 마음은 언젠가는 남들도 이해하게 된다. 공자는 "날씨가 추워진 뒤에야 소나무와 측백나무가 뒤늦게 돋보임을 알 수 있다"[13]고 말했다.

한여름에는 온갖 나무들이 무성하게 숲을 이루기 때문에 상록수인 소나무와 측백나무의 존재는 드러나지 않는다. 그러나 가을이 되어 단풍이 들고 낙엽이 떨어진 후에는 비로소 늘 푸른 소나무와 측백나무의 모습이 돋보인다.

충의 마음가짐으로 실천하는 사람은 살아서는 칭송받는 인물이 되고 죽은 후에는 역사가 인정하는 인물이 된다. "국가와 민족을 위해 몸 바쳐 일하는 지사와 어진 사람은 살기 위하여 인을 해치지 않고 자신의 몸을 바쳐 인을 이룬다."[14] 바로

歲 해 세
寒 찰 한, 얼 한

---

13  子曰 歲寒然後에 知松柏之後彫也니라.  제9 자한 27장
  자 왈 세 한 연 후    지 송 백 지 후 조 야

14  子曰 志士仁人은 無求生以害仁이요 有殺身以成仁이니라.  제15 위령공 8장
  자 왈 지 사 인 인    무 구 생 이 해 인    유 살 신 이 성 인

■ 살신성인
殺 죽일 살, 身 몸 신, 成 이
룰 성, 仁 어질 인. 자기의 몸
을 희생하여 인을 이룬다는
뜻이다. 혹은 정의를 위해 희
생하는 것을 뜻하기도 한다.

■ 시호諡號
벼슬한 사람이나 관직에 있던
선비들이 죽은 뒤에 그 행적
에 따라 국가나 왕에게서 받
은 이름 혹은 죽은 군주에게
다음 군주가 올리는 특별한
이름으로, 동양의 봉건 왕조
국가에서 시행되었다.

■ 김시민金時敏
1554~1592. 조선 중기의 무
신으로 임진왜란 때 진주성
전투에서 3,800명의 병력으
로 2만 여의 왜적을 격퇴했다.

이 말에서 살신성인■이란 고사성어가 탄생했다.

자신이 속해 있는 조직과 사회에 헌신하고 타인에게 충성하는 사람은 국가의 존망이 걸려 있는 일에 자신의 목숨을 거리낌 없이 내놓는다. 이러한 사람들에게 주는 시호■에 항상 '충忠'이라는 글자가 있다. 시호에 '충' 자를 붙이는 경우는 자신의 몸이 위태로우면서도 충절을 다하거나, 자신에게 이롭거나 불리한 데도 충절을 지킬 때, 어진 사람이나 능력이 있는 사람을 추대할 때 등이다.

왜적의 침입을 막아 나라를 구하려고 자신의 몸을 바친 이순신 장군의 시호는 '충무공忠武公'이다. 이순신 장군 외에도 임진왜란 때 진주성 전투에서 전사한 김시민■ 장군, 여진을 토벌하고 이시애의 난을 평정했지만 모함으로 죽은 남이■ 장군의 시호도 '충무'다. 그 밖에도 자신의 목숨을 바쳐 나라를 구하고 충절을 지킨 다수의 사람들이 충무공이라는 시호를 받았다.

증자는 "나는 날마다 세 가지에 대해 나 자신을 반성한다.

15  曾子曰 吾日三省吾身하노니 爲人謀而不忠乎아 與朋友交而不信乎아
    증 자 왈   오 일 삼 성 오 신              위 인 모 이 불 충 호       여 붕 우 교 이 불 신 호
傳不習乎아니라.  제1 학이 4장
전 불 습 호

'남을 위하여 일을 도모할 때 충성스럽게 하였는가?' '벗을 사귈 때 미덥게 성실하게 하였는가?' '스승과 선배에게서 배운 것을 익혔는가?'[15]고 말했다. 공자는 인·의·예·지·도·덕을 실행하는 기본 마음가짐인 충을 대단히 중요하게 생각했다. 증자는 공자의 가르침대로 실천한 제자였다.

공자가 말했다. "증자야! 우리의 도는 한 가지 이치로 세상의 모든 일을 꿰뚫고 있다." 증자■가 대답했다. "예." 대화를 마치고 공자가 밖으로 나가자, 이 대화를 이해하지 못한 제자들이 증자에게 물어보았다. "무슨 말씀을 하신 것입니까?" 증자가 대답했다. "선생님의 도는 충과 서일 뿐이다."[16]

'충'이 스스로 마음의 중심을 잡고 적극적으로 남을 위해 행동하는 것이라면, '서'는 남의 마음을 헤아려서 자신의 행동을 자제하는 것이다. 적극적으로 행동할 것이 있으면 행동하고, 자신이 자제해야 할 것은 행동하지 않는 것, 이 두 가지가 조화롭게 어우러진 것을 충서忠恕라고 한다.

■ 남이南怡
1441~1468. 조선 전기의 무신으로 이시애의 난을 진압했고 서북방의 건주위를 정벌했다. 유자광이 역모를 꾀한다고 무고하여 체포된 뒤 거열형에 처해졌다.

■ 증자曾子
기원전 504~기원전 436. 노나라 사람. 공자보다 46세 아래로 공자가 죽은 뒤 유가의 유력한 일파를 형성하여 공자 사상의 유심주의적 측면을 발전시켰다.

16  子曰 參乎아 吾道는 一以貫之니라 曾子曰 唯라 子出거시늘 門人이 問曰
　　자 왈 삼 호　　오 도　　일 이 관 지　　증 자 왈 유　　자 출　　　　문 인　　문 왈
　　何謂也잇고 曾子曰 夫子之道는 忠恕而已矣시니라. 제4 이인 15장
　　하 위 야　　증 자 왈 부 자 지 도　　충 서 이 이 의

# 남을 배려하는 것이 곧 서이다

'서'는 '충'만큼 익숙한 글자가 아니다. 우리는 '용서한다'라는 말을 자주 쓰는데, 누구를 용서한다는 것은 그 사람의 처지와 마음을 헤아려서 이해하고 관용을 베푼다는 뜻이다. '서'에는 남의 마음을 헤아린다는 뜻이 담겨 있다. '서恕' 자는 같을 '여如'자와 마음 '심心' 자가 결합한 글자다. 즉 남의 마음과 같이 생각한다는 뜻이다. '서'란 상대방의 처지와 상황을 이해하여 자신의 행동을 조심하고 자제하는 것이다. 자공이 공자에게 물었다. "죽을 때까지 실천해야만 하는 것을 한마디로 말하면 무엇입니까?" 공자가 대답했다. "그것은 서이다. 자기가 하기 싫어하는 것을 남에게 시키지 않는 것이다."[17]

이는 남녀노소를 막론하고 모두 지켜야 한다. 텔레비전 시사프로그램에 지도층이 출연하여 현안 문제에 대해 토론할 때, 자신의 의견과 다른 의견을 표명하면 유독 불쾌해하는 사람이 있다. 모든 사람이 나와 같은 의견일 수는 없다. 나와 다른 의견은 있을 수밖에 없고, 있어야만 한다. 다른 사람의 의견을 듣고 자신의 생각이 틀렸으면 개선하려는 마음을 가져야 한다. 또 자신의 의견을 밝힐 때에는 충분한 설득력을 갖춘 논리적 근거가 바탕이 되어야 한다.

내가 싫어하는 것을 남에게 시키지 말라는 것을 잘못 이해하면 안 된다. 내가 붉은색을 좋아한다고 다른 사람도 붉은색을 좋아한다고 생각해서는 안 된다는 것이다. 이것은 '서'를 왜곡하여 생각하는 것이다. 학생 때 공부를 좋아한 사람도 있겠지만, 그렇지 않은 사람도 있을 것이다. 그런데 부모가 되면 무조건 자식에게 공부를 열심히 하라고 다그치게 된다. 이는 학생으로서 본분을 충실히 하라는 의미다. 이때 부모님의 마음은 '서'의 마음이 없어서가 아니라 '충'의 마음으로 훈육하는 것이다.

모든 사람이 선망하는 직업을 가질 수 있는 것은 아니니, 부모는 자식의 적성을 제대로 파악하여 옳은 방향으로 이끌어주

17   子貢이 問曰 有一言而可以終身行之者乎잇가 子曰 其恕乎인저 己所
     자공   문왈 유일언이가이종신행지자호    자왈 기서호       기소
不欲을 勿施於人이니라. 제15 위령공 23장
불욕    물시어인

어야 한다. 이것이 자식에 대한 부모의 마음이다.

장님 악사 면이 공자를 방문했다. 공자는 그가 계단에 이르자 "계단입니다", 좌석에 이르자 "좌석입니다" 하고 말해주었다. 주변에 있던 사람들이 모두 자리에 앉자 공자가 일일이 알려주었다. "아무개란 사람은 여기에 있고 아무개란 사람은 저기에 있습니다." 악사 면이 나가자 자장이 물었다. "악사와 더불어 말하는 것이 도리입니까?" 공자가 말했다. "그렇다. 진실로 악사를 도와주는 것이 도리이다."[18]

공자는 악사가 주변 상황을 알 수 있도록 일일이 설명해주었다. 이는 공자가 '서'의 마음으로 자신이 장님이 되었을 경우를 생각하고 말한 것이다. 자장은 '서'의 마음을 미처 이해하지 못하여 위와 같이 질문한 것이다.

남의 마음을 헤아려 배려하고 답답할 정도로 성실한 모습을 보이면, 의지가 없고 수동적이며 타인을 의식하는 사람처럼 보일 수 있다. 그러나 다른 사람을 위해 죽음도 불사하는 살신성인의 행동은 강한 의지가 없이는 행할 수 없는 것이다.

---

18 師冕이 見할새 及階어늘 子曰 階也라 하시고 及席이어늘 子曰 席也라
　　사 면　　견　　　급 계　　　자 왈 계 야　　　　　급 석　　　　자 왈 석 야
하시고 皆坐어늘 子告之曰 某在斯 某在斯라 하시다 師冕이 出커늘
　　　　개 좌　　　자 고 지 왈　모 재 사 모 재 사　　　　　사 면　　출
子張이 問曰 與師言之 道與잇가 子曰 然하다 固相師之道也니라.
자 장　　문 왈 여 사 언 지　도 여　　　자 왈 연　　　고 상 사 지 도 야

제15 위령공 41장

# 사람의 의지는 힘으로 빼앗을 수 없다

충서를 성실하게 실천하기 위해서는 강한 의지가 있어야 한다. 육체적 고통이 따르는 극한의 상황에서 살아남은 사람들은 대부분 정신력 덕분에 살아남았다고 말한다. 정신력은 강한 의지가 바탕이 되어야만 발휘될 수 있다. 정몽주￭나 사육신￭과 같은 신하들은 굳은 절개를 지키기 위해 자신의 목숨까지 바쳤다. 이것은 국가와 민족의 평안을 생각하는 충서의 의지로 발휘된 행동이다. "삼군을 이끄는 장수의 자리는 힘으로 빼앗을 수 있지만, 보잘것없이 보이는 사람의 의지는 힘으로 빼앗을 수 없다."19

요즘 많은 사람들이 겉모습을 치장하는 것으로 자존심을 세우려고 하는데, 남들보다 비싼 제품을 사용한다고 자존심이 세워지는 것이 아니다. 자존심이란 남에게 굽히지 않고 스스로 자신의 품위를 지키는 마음이고, 사람들의 잘못된 시선을

■ **정몽주**鄭夢周
1337~1392. 고려 말기 문신 겸 학자. 유학을 보급했으며, 성리학에 밝았다. 1392년 명나라에서 돌아오는 세자를 마중 나갔던 이성계가 사냥하다가 말에서 떨어져 드러눕자 그 기회에 이성계 일파를 제거하려 했으나 실패하여 오히려 선죽교에서 이방원에게 죽임을 당했다.

■ **사육신**死六臣
수양대군이 왕위를 찬탈하자 단종의 복위를 꾀하다 발각되어 죽임을 당한 조선 전기의 충신들이다. 성삼문·박팽년·하위지·이개·유성원·유응부를 말한다.

수레(계획)는 있는데 말(의지)이 없구나!

부끄럽게 생각하지 않는 의지에서 나온다. 공자는 자로가 자존심 강한 제자라고 여겼다. "해진 솜옷을 입고, 여우나 담비 가죽으로 만든 옷을 입은 사람과 같이 서 있으면서 부끄러워하지 않는 사람은 자로일 것이다."[20] 사람을 판단할 때 외모가 절대적 기준이 되어서는 안 된다. 가수가 얼굴은 잘생겼는데 노래를 못하면 곤란하니 말이다. 자신의 본분을 지키지 못하고 그 본분에서 멀어지면 그것은 손님이 주인 행세를 하는 것과 같다. "나는 자주색이 붉은색을 빼앗는 것을 미워하며, 정나라의 음탕한 음악이 아악*을 어지럽히는 것을 미워하며, 말 잘하는 입이 나라를 전복시키는 것을 미워한다."[21]

겉모습은 그럴 듯해 보여도 실속이 없는 사람이 있는데, 겉모습뿐 아니라 속마음도 튼튼하게 다져야 한다. 겉과 속이 다르면 그것은 사상누각*처럼 언젠가는 허물어지게 마련이다. "겉으로 보이는 얼굴빛은 위엄이 있는 것처럼 보이지만, 속마음은 유약하구나. 소인에 비유하면 그러한 사람은 벽을 뚫고 담장을 넘는 도둑과 같은 사람이다"[22]

■ 아악
기품이 높고 바른 음악이란 뜻으로 종묘와 궁중에서 연주하는 음악을 말한다.

■ 사상누각
沙 모래 사, 上 윗 상, 樓 다락 누, 閣 집 각. 기초가 약하여 오래가지 못하는 것을 뜻하는 고사성어로 모래 위에 세워진 누각이라는 뜻이다. 기초가 튼튼하지 못하면 곧 무너지고 만다는 것을 일깨워주는 말이다.

19  子曰 三軍은 可奪帥也어니와 匹夫는 不可奪志也니라. 제9 자한 25장
자 왈 삼 군     가 탈 수 야         필 부    불 가 탈 지 야

20  子曰 衣敝縕袍하여 與衣狐貉者로 立而不恥者는 其由也與인저. 제9 자한 26장
자 왈 의 폐 온 포    여 의 호 학 자    입 이 불 치 자    기 유 야 여

21  子曰 惡紫之奪朱也하며 惡鄭聲之亂雅樂也하며 惡利口之覆邦家者
자 왈  오 자 지 탈 주 야      오 정 성 지 란 아 악 야        오 리 구 지 복 방 가 자
하노라. 제17 양화 18장

22  子曰 色厲而內荏을 譬諸小人컨대 其猶穿窬之盜也與인저. 제17 양화 12장
자 왈 색 려 이 내 임      비 저 소 인      기 유 천 유 지 도 야 여

정말 중요한 것은 사람 그 자체이다. 그렇기 때문에 인간을 사랑하고 그러한 사랑을 넓혀서 자연을 사랑하는 마음을 가져야만 한다. 공자의 마구간에 불이 난 적이 있었다. 공자는 조정의 일을 마치고 돌아와서 그 소식을 듣고 "사람이 다쳤느냐?"고 물어보고는 말에 대해서는 묻지 않았다.[23]

그 시대에 말은 지금의 승용차와 같은 큰 재산이었다. 말의 생명을 가볍게 생각한 것이 아니라 재산보다는 사람의 생명을 중요하게 생각한 것이다.

이와 같이 자존심과 의지를 갖고 덕을 넓게 펴기 위해서는 내면과 외면을 함께 길러 나가는 데 힘써야 한다. 그래야만 사회에 필요한 사람이 된다. 자장이 그러한 사람에 대해 말했다. "덕을 넓게 펴지 못하고, 도를 독실하게 믿지 못하면 그런 사람은 있어도 그만이고 없어도 그만이다."[24] 의지를 갖고 덕을 펼치는 것은 자발적인 것이다.

傷 다칠 상
執 지킬 집, 가질 집
獨 두터울 독, 신실할 독

---

23 廐焚이어늘 子退朝曰 傷人乎아 하시고 不問馬러시다. 제10 향당 12장
　　구 분　　　　　자 퇴 조 왈　상 인 호　　　　불 문 마

24 子張曰 執德不弘하며 信道不篤이면 焉能爲有며 焉能爲亡리오.
　　자 장 왈　집 덕 불 홍　　신 도 불 독　　언 능 위 유　　언 능 위 망
제19 자장 2장

# 인을 이루게 하는 자발성

　자발성이란 남이 가르쳐 주거나 시키는 대로 따르는 것이 아니라 자기 의지에 따라 생각하거나 행동하는 것이다. "인이 멀리 있는가? 내가 인을 하고자 하면 당장 인에 이르는 것이다."[25] 인은 누가 해주는 것이 아니라 내가 하려고 하면 할 수 있다는 뜻이다. 자발성이 따르는 행위는 그 결과가 긍정적이고 신속하게 나타난다.

　마크 트웨인의 작품 《톰 소여의 모험》에 자발성과 관련한 재미있는 장면이 있다. "톰 소여는 이모의 심부름으로 담장에 페인트를 칠해야 했다. 톰 소여는 자신의 자발적 의지로 즉, 자신이 하고 싶어서 하는 일이 아니었기 때문에 그 일이 하기 싫었다. 그래서 톰 소여는 묘안을 생각해냈다. 그 앞을 지나는 친구들에게 이처럼 재미있고 신나는 일은 다시 없을 거라고 하여 그 일을 하게 했다." 장난기 많고 재치 있는 톰의 모습이

고스란히 드러나 있다.

이 글에서 다른 사람이 시키는 일을 할 때와 자발적으로 일을 할 때의 차이를 알 수 있다. 남이 시키는 일을 하면 톰 소여처럼 꾀가 나지만, 자발적으로 그 일에 뛰어들면 친구들처럼 즐겁게 일할 수 있다. 자발적으로 일을 한 사람과 수동적으로 일을 한 사람의 일의 성과는 분명 다를 것이다.

자발성이 없으면 관심이 가지 않아 건성으로 행동하게 된다. "길에서 듣고 길에서 말하는 것은 좋은 말을 듣고도 자신의 것으로 소화하지 못하고 건성으로 취급하는 것이다. 그것은 덕을 버리는 것이다."26

공자는 신속한 일 처리에 관해서 자로를 칭찬하면서 말했다. "한마디 말로써 재판에 대한 판결을 할 수 있는 사람은 아마도 자로일 것이다. 자로는 승낙하는 것을 하루라도 미루는 일이 없었다."27

또한 자장이 정치에 관해서 묻자, 부지런한 행동과 충심을 강조하며 말했다. "마음은 항상 게으르지 않게 하고 행동하기

塗 길 도
棄 버릴 기
獄 판결 옥
宿 머무를 숙, 미룰 숙

25 子曰 仁遠乎哉아 我欲仁이면 斯仁이 至矣니라. 제7 술이 29장
   자 왈 인 원 호 재   아 욕 인   사 인   지 의

26 子曰 道聽而塗說이면 德之棄也니라. 제17 양화 14장
   자 왈 도 청 이 도 설   덕 지 기 야

27 子曰 片言에 可以折獄者는 其由也與인저 子路는 無宿諾이러라. 제12 안연 12장
   자 왈 편 언   가 이 절 옥 자   기 유 야 여   자 로   무 숙 락

를 충으로써 해야만 한다."[28] 자발성은 적극성으로 나타나는
것이다.

'피할 수 없다면 즐겨라'라는 말을 많이 듣는데, 이것은 한
마디로 '수동적'이 아니라 '능동적'으로 움직이라는 의미다.

"아는 것은 그것을 좋아하는 것보다 못하고, 좋아하는 것은
그것을 즐기는 것보다 못하다."[29] 어떤 전문 분야에 대해 알고
있는 사람을 상식이 풍부하다고 한다면, 그것을 좋아하는 사
람은 취미활동으로 하는 것이고, 그것을 즐기는 사람은 그 분
야에서 전문가라고 할 수 있다. 한 분야에서 전문가가 되려면
어렵고 힘든 고비를 수없이 넘어야 하는데, 그 고비를 넘을 수
있는 원동력이 바로 자발성이다.

그러나 자발성은 억지로 이루려고 한다고 해서 되는 것이
아니다. 공자는 자연의 이치를 예로 들어 자발성에 대해 자공
에게 말했다.

"나는 말을 하지 않으려고 한다."

"선생님께서 말씀하지 않으면 저희들이 어떻게 이어받겠습

倦 게으를 권

---

28  子張이 問政한대 子曰 居之無倦이요 行之以忠이니라. 제12 안연 14장
　　자 장　문 정　　자 왈　거 지 무 권　　행 지 이 충

29  子曰 知之者 不如好之者요 好之者 不如樂之者니라. 제6 옹아 18장
　　자 왈　지 지 자　불 여 호 지 자　　호 지 자　불 여 락 지 자

니까?"

述 (뜻을) 이을 술

"하늘이 무슨 말씀을 하는가? 그러나 사계절이 운행되고 온 갖 만물이 생장한다. 하늘은 아무런 말이 없다."[30]

자연은 억지로 움직이지 않고 그냥 스스로 순리대로 움직인 다. 이와 같이 일을 할 때 즐기며 하고 물이 흐르는 것처럼 자 연스럽게 일을 이루어 나가는 것이 자발성이다. 충서, 성실, 경, 의지는 자발성에 의하여 행하게 된다. 남이 시키지 않아도 스스로 해나가고, 그것도 즐거워하며 행하게 되는 것이다.

---

[30] 子曰 予欲無言하노라 子貢曰 子如不言이시면 則小子何述焉이리잇고
　　자 왈 여 욕 무 언　　　　자 공 왈 자 여 불 언　　　　즉 소 자 하 술 언
　　子曰 天何言哉시리오 四時行焉하며 百物이 生焉하나니 天何言哉시리오.
　　자 왈 천 하 언 재　　　사 시 행 언　　　백 물　　생 언　　천 하 언 재
　　제17 양화 19장

**안연**(顔淵, 기원전 521?~기원전 491?)

노나라 사람으로 자는 자연(子淵), 자를 따서 안회(顔回) · 안자연(顔子淵)이라고도
한다. 학덕이 높고 재질이 뛰어나 공자가 가장 아꼈지만 공자보다 먼저 죽었다.
빈곤하고 불우했으나 신경 쓰지 않고 성내거나 잘못한 일이 없으므로 공자
다음가는 성인으로 받들어져 안자(顔子)라고 높여 부르기도 한다.

**민자건**(閔子騫, 기원전 536~기원전 487)

노나라 사람으로 이름은 손(損)이고 자는 자건이며 존칭해서 민자(閔子)라고도
한다. 덕행으로 안연과 더불어 유명했으며, 어려서 부모에게 모진 학대를 받았지만
극진히 효도하여 부모가 감동했다고 한다. 권력 앞에서 굽히지 않는 의기를 지녔다.

論語

# 제 3 장

# 말보다 실천을
# 우선하다

칠조개, 벼슬을 거부하다

소인은 반드시 허물을 숨긴다

말은 뜻만 통하게 하면 그만이다

나는 좋은 값으로 팔리기를 기다리는 사람이다

허물이 있으면 고치기를 꺼리지 말아야 한다

"옛날에 말을 함부로 입 밖으로 내지 않은 것은
몸으로 실천하지 못하게 될 것을 부끄러워했기 때문이다."

"군자는 한 가지 용도에만 쓰이는 그릇처럼
한정되어 있는 사람이 아니다."

# 칠조개, 벼슬을 거부하다

겸손은 남을 존중하고 나를 내세우지 않는 태도다. 남보다 앞서기 위해서는 자신의 능력을 보여주어야 하는 경쟁 사회에서 겸손은 능력이 없거나 자신감이 부족한 것처럼 느껴지게 하는 것일 수도 있다.

그러나 겸손은 남을 배려하고 존중하는 것이지 무조건 양보하는 것이 아니다. 자신을 내세우지 않는 행동만을 겸손으로 안다면 잘못 알고 있는 것이다. 겸손은 자기 자신의 현재 능력을 파악하고 그 능력에 알맞게 행동하는 것이다. 대다수의 사람들이 남에게 잘 보이고 싶어 하고 명예를 드러내고 싶어 한다. 그와 반대로 자신의 능력을 과시하지 않고 욕심을 스스로 자제하는 것이 겸손이다.

자장이 공자에게 물었다. "어떤 선비가 통달하였다고 말할 수 있습니까?"

공자가 물었다. "네가 말하는 통달이라는 것은 무엇이냐?"

"공적인 나랏일에서나 사적인 집안일에서나 반드시 훌륭하다고 소문이 나서 그 명예가 드러나는 것입니다."

"그것은 단지 소문이지 통달한 것은 아니다. 통달이라는 것은 정직하고 정의를 좋아하며 남의 말과 안색을 살피고 자신의 몸을 낮추어 겸손하게 행동하는 것이다. 공적으로나 사적으로나 어느 곳에서라도 통달하여 항상 환영을 받게 되는 것이다. 소문만 난 사람은 겉으로는 인자한 모습을 하고 있지만 실제로는 그렇지 않은 사람일 수 있다. 그래서 높은 자리에 오르더라도 자신이 그만한 능력이 있는 사람인지에 대해 의심하지 않고 겸손하지 않으며, 자신의 지위가 당연하다고 생각한다. 이러한 사람은 공적으로나 사적으로 명예롭다고 소문 나는 것에만 열중하는 것이다."[1]

대부분 남을 인정하는 것에는 인색하고 나를 내세우는 일에는 적극적인 때가 많다. 남을 인정해주고 스스로 능력에 알맞게 행동한다면 그 사람의 명예와 능력은 저절로 드러나게 될

察 살필 찰
觀 (자세히) 볼 관
慮 생각할 려

---

1  子張이 問 士何如라야 斯可謂之達矣니잇고 子曰 何哉오 爾所謂達者여
   자 장   문 사 하 여     사 가 위 지 달 의       자 왈 하 재   이 소 위 달 자
   子張이 對曰 在邦必聞하며 在家必聞이니이다 子曰 是는 聞也라 非達
   자 장   대 왈 재 방 필 문     재 가 필 문        자 왈 시   문 야   비 달
   也니라 夫達也者는 質直而好義하며 察言而觀色하며 慮以下人하나니
   야       부 달 야 자   질 직 이 호 의     찰 언 이 관 색     려 이 하 인
   在邦必達하며 在家必達이니라 夫聞也者는 色取仁而行違요 居之不疑
   재 방 필 달     재 가 필 달       부 문 야 자   색 취 인 이 행 위   거 지 불 의
   하나니 在邦必聞하며 在家必聞이니라.   제12 안연 20장
          재 방 필 문     재 가 필 문

것이다.

　자기의 능력을 스스로 자각하고 행동하면 자신의 부족한 능력을 함양시키고 발전시킬 수 있는 기회가 많아진다. 그렇게 행동하는 사람은 굳이 자신을 과시하려고 하지 않더라도 그 능력이 저절로 드러난다. 사람들은 자신을 과시하려는 사람의 행동을 금방 알아차린다. 이러한 사실을 잘 알면서도 주변 사람들과 함께 대화를 나눌 때나 행동할 때 그들은 겸손한 행동을 하지 않는다. 남이 나를 알아주기를 바라기 때문이다. 남이 나를 알아주지 않음을 걱정하는 사람은 작은 그릇을 가진 사람이다.

　공자가 말했다. "관중▪의 그릇은 작구나!"

　그러자 어떤 사람이 물었다. "관중은 검소하게 행동하지 않았습니까?"

　"관중은 삼귀대라는 높고 평평한 건물을 지어 백성에게 피해를 입혔으며, 자기가 부리는 신하를 겸직시키지 않아 효율적으로 운영하지 않았으니 어떻게 검소하다고 하겠는가?"[2]

■ **관중**管仲
?~기원전 645. 이름은 이오
夷吾. 공자보다 100여 년 정
도 앞선 사람이다. 제나라 환
공을 중원의 패자霸者로 만드
는 데 큰 공을 세웠다. 저서
에는 《관자》가 있다.

---

2　子曰 管仲之器 小哉라 或曰 管仲은 儉乎잇가 曰 管氏有三歸하며 官事
　　자 왈 관 중 지 기 소 재　　혹 왈　관 중　　검 호　　　왈　관 씨 유 삼 귀　　　관 사
　를 不攝하니 焉得儉이리오. 제3 팔일 22장
　　　불 섭　　　언 득 검

■ **환공桓公**
?~기원전 643. 성은 강姜,
이름은 소백小白. 진晉나라
문공, 진秦나라 목공穆公, 송宋
나라 양공襄公, 초楚나라 장왕
莊王과 더불어 춘추 오패의
한 사람이다. 포숙의 진언으
로 관중을 등용하여 부국강병
에 힘썼으며, 제후를 규합하
여 맹주가 되고 패업을 완성
했다.

관중은 춘추시대의 제나라 재상으로 지혜와 능력이 뛰어나
제나라 제후 환공▪에게 신임을 받아 정치를 맡아 보게 되었
다. 그는 재상이 되어 군사력을 강화하고, 상업·수공업을 육
성하여 부국강병을 꾀했다. 민심이 그에게로 기운다면 임금도
될 수 있는 인물이었다.

그러나 겸손하지 못하고 자신의 지위에 합당하지 않은 삼귀
대를 지어 백성들을 힘들게 함으로써 스스로 큰 그릇이 되지
못했다. 한 나라의 임금이 되기에 부족함이 없는 능력을 지녔
지만, 겸손하지 못했기 때문에 그는 지위를 높일 수 없었던 것
이다.

"군자는 의를 밑바탕으로 삼고 예로써 행동하고 겸손하게 말
하며 성실하게 이루어야 한다."3 의를 밑바탕으로 삼아 스스로
마음가짐과 행동가짐을 성실하게 하고, 타인과의 관계에서는
항상 겸손한 행동을 보여야 한다는 뜻이다. 겸손은 조화를 이
루기 위하여 남보다 자신이 먼저 실천함을 뜻하기도 한다.

공자가 칠조개에게 벼슬을 하도록 권하자, 그는 겸손하게

난 너무 무능해
난 죽어야 해

그건 겸손이
아니잖아

---

3 　子曰 君子는 義以爲質이요 禮以行之하며 孫以出之하며 信以成之하나니
　　자 왈 군 자　　의 이 위 질　　　예 이 행 지　　　손 이 출 지　　　신 이 성 지
　　君子哉라. 제15 위령공 17장
　　군 자 재

대답했다. "저는 아직 벼슬할 자신이 없습니다." 그 말을 듣고 공자는 크게 기뻐했다.4 공자는 칠조개*가 자신의 능력을 제대로 파악하고 있다며 기뻐한 것이다. 또 그가 벼슬을 하더라도 겸손하게 행동하므로 적을 만들지 않고 원만한 인간관계를 맺을 수 있는 모습을 보고 기뻐한 것이다.

사람들이 모이는 곳에서는 나와 다른 의견이 있게 마련이다. 반대 의견에 맞설 때 겸손과 초지일관의 자세로 무장하여 자신의 의견을 밝힐 수 있는 사람이 된다면, 반대 의견을 가진 사람일지라도 그 의견을 존중하는 태도를 보일 것이다. 그러한 사람은 주변에 적을 만들지 않음으로써 성공에 이를 수 있다.

■ **칠조개**

성은 칠조漆雕, 이름은 개開, 자는 자개子開 혹은 자약子若이라고도 한다. 본명이 계啓였는데 한나라 제6대 황제 경제의 이름이 계啓였기 때문에 개開로 고쳤다. 공자의 제자로 공자보다 11세 연하였다. 뜻하는 바가 커서 작은 성취에 만족하지 않았으며, 빨리 이루려고 하지 않았다. 벼슬보다는 학문에 뜻을 두었다.

4  子使漆雕開로 仕하신대 對日 吾斯之未能信이로소이다 子說하시다.
   자 사 칠 조 개      사      대 왈  오 사 지 미 능 신              자 열
   제5 공야장 5장

# 소인은 반드시 허물을 숨긴다

사람은 누구나 자기에게 호의적인 사람을 좋아하는데 그러한 마음을 이용해서 이득만을 챙기려고 하는 사람들이 있다. 이들은 자신의 단점을 드러내지 않고 겸손한 체하며 지나치게 공손한 태도를 보인다. 또 상대방에게 듣기 좋은 말만 하고, 보기 좋은 표정만 짓는다. 상대방에게 잘 보이려고 공손한 태도를 보이는 것은 겸손이 아니라 교언영색■의 행동일 뿐이다. "말을 듣기 좋게 하고 얼굴빛을 곱게 하는 사람 중에 인한 사람은 드물다."[5] 교언영색에 능한 사람들은 자신이 의지가 강한 사람이라는 것을 보여주기 위해 용기 있는 행동을 하는 척하며 허세를 부린다. 또 남을 배려하는 모습을 보이지만 강한 자에게 아부하는 비굴한 모습을 보인다.

또한 인·의·예·지·도·덕에 따라 남을 배려하여 충서를 행하는 것처럼 보여 군자인 척하지만 소인의 행동에 불과하다. 자

■ **교언영색**
巧 공교할 교, 言 말씀 언, 令 하여금 영, 色 빛 색. 교묘한 말과 보기 좋은 얼굴을 나타내는 말로서, 말을 그럴 듯하게 꾸며대거나 남의 비위를 잘 맞추는 사람 혹은 그런 태도를 지칭한다.

하가 말했다. "소인▪은 반드시 허물을 위장한다."6

겸손은 스스로 부족한 점을 깨달아 자신을 내세우지 않고, 다른 사람을 존중하는 마음으로 행동하는 것이다. 하지만 교언영색은 자신의 능력을 살피기보다는 허물을 감추기에 급급하고, 다른 사람을 존중하는 것이 아니라 그 사람의 권력과 재물에 아부하는 거짓된 모습이다.

"예전에 좌구명▪이란 사람이 말을 듣기 좋게 하고 얼굴빛을 곱게 하고 지나치게 공손한 것을 부끄럽게 여겼는데, 나 역시 이것을 부끄럽게 생각한다. 또한 좌구명은 그렇게 행동하는 사람에게 못마땅한 모습을 감추고 그 사람과 사귀는 것도 부끄럽게 여겼는데, 나 역시 이것을 부끄럽게 생각한다."7

좌구명의 행동이야말로 꾸밈이 없는 정직한 행동이다. 남에게 바른 모습을 보이는 것이 정직이라면, 자기 자신에게 정직한 것이 성실이다. 정직하게 생활하는 사람이 손해를 볼 경우도 있겠지만, 장기적으로 보았을 때 정직한 사람이 성공한다. 성공한 삶이란 재산이나 권력만 얻으려고 집착하는 것이 아니

■ 소인小人
소인은 군자와 반대되는 개념으로 성품이 어질지 못하고 지성적이지 못한 사람을 말한다. 높은 벼슬에 오르지 못한 일반인을 지칭할 때도 있으며, 겸손하지 못하고 선한 행동을 하지 않는 게으른 사람을 말하기도 한다. 《논어》〈이인편〉에는 '군자는 어떤 것이 옳은 일인지 잘 알고, 소인은 어떤 것이 이익인지 잘 안다. 군자는 어찌하면 훌륭한 덕을 갖출까 생각하고, 소인은 어찌하면 편히 살 것인가 생각한다'는 말로 군자와 소인을 정의했다.

■ 좌구명
성은 좌구, 이름은 명이다. 공자와 같은 시기의 노나라 유학자이며 사학자로 태사란 벼슬을 지냈다.

足 발 족, 지나칠 주

5  子曰 巧言令色이 鮮矣仁이니라.  제1 학이 3장, 제17 양화 17장
   자 왈 교 언 영 색    선 의 인

6  子夏曰 小人之過는 必文이니라.  제19 자장 8장
   자 하 왈 소 인 지 과    필 문

7  子曰 巧言令色足恭을 左丘明이 恥之러니 丘亦恥之하노라 匿怨而友其人
   자 왈 교 언 영 색 족 공  좌 구 명    치 지  구 역 치 지      닉 원 이 우 기 인
   을 左丘明이 恥之러니 丘亦恥之하노라.  제5 공야장 24장
      좌 구 명    치 지  구 역 치 지

다. 권력과 재산은 성공한 삶을 나타내는 한 부분일 뿐이다. 가족 간의 화목, 친구 간의 진정한 우정, 이웃과 더불어 살아가는 행복이야말로 진정으로 성공한 삶이다.

　자신을 꾸미는 일에서도 나와 남을 속이지 말아야 한다. 겉치레만 힘쓰고 속마음을 발전시키는 데 인색하다면 그것은 정직하지 못한 것이다. 증자는 자장이 겉모양에만 힘쓰고 스스로 높은 척하기를 좋아하자, 그에 대해 말했다. "자장은 용모가 훌륭하구나! 그러나 함께 인을 행하기는 어렵구나!"[8]

　공자는 정직함은 자존심의 표현이고 인간이 살아 있는 가치라고 말했다. "사람이 살아 있다는 것은 정직함이 있는 것이다. 정직하지 않고 살아 있는 것은 죽음을 요행히 면한 것일 뿐이다."[9] 정직하게 사는 것이 정신적으로 가치 있는 삶이지만 무조건 정신적 가치만을 강조할 수는 없다. 물질적 가치를 소홀히 하면 경제적·과학적 발전은 있을 수 없기 때문이다. 정직과 겸손은 말과 행동이 항상 일치하는 행동에서 찾아볼 수 있다.

8　曾子曰 堂堂乎라 張也여 難與並爲仁矣로다. 　제19 자장 16장
　　증 자 왈 당 당 호　　 장 야　 난 여 병 위 인 의

9　子曰 人之生也直하니 罔之生也는 幸而免이니라. 　제6 옹야 17장
　　자 왈 인 지 생 야 직　　 망 지 생 야 　 행 이 면

# 말은 뜻만 통하게 하면 그만이다

말과 행동이 같은 사람은 정직한 마음을 성실하게 행동으로 옮기기 때문에 부끄러운 것이 없고 다른 사람 앞에서 당당하다. 사마우*가 어떤 사람이 군자인지를 묻자 공자가 말했다.

"군자는 근심하지 않고 두려워하지 않는다."

"근심하지 않고 두려워하지 않으면 군자입니까?"

"자신을 살펴보아 반성하고 허물이 없으면 무엇을 근심하고 두려워하겠는가?"[10]

말과 행동이 일치하기는 어려우나 행동은 하지 않고 말을 하기는 쉽다. 말은 생각나는 대로 할 수 있지만, 실천은 몸을 움직이는 수고를 해야만 하기 때문이다.

《논어》에서는 말보다 실행이 우선이라고 강조한다. 자공이 군자에 대해서 묻자 공자가 말했다. "말보다 먼저 실행하고, 그 다음에 말이 행동을 따른다."[11] 실천이 없는 말은 공허할

■ 사마우
《사기》에는 사마경으로 나오며 자는 자우子牛이다. 말이 많고 조급한 성격의 사람이라 표현되고 있다. 이름은 리犁라고도 하며 송나라 사마환퇴의 동생이다.

실천 없는 말은 공허할 뿐이지

뿐이다.

"옛날에 말을 함부로 입 밖으로 내지 않은 것은 몸으로 실천하지 못하게 될 것을 부끄러워했기 때문이다."[12] 공자가 매사에 이렇게 말을 조심한 것은 작은 일부터 지키지 못하면 훗날 큰 일까지 행동이 말에서 벗어나기 때문이다.

선거 때마다 후보들이 내세우는 공약을 보면, 국민들이 살기 좋은 나라가 만들어진다. 그러나 후보자들은 당선된 후에 약속한 것을 제대로 지키지 않는다. 이러한 일이 매번 되풀이되는 이유는 일상생활에서 언행일치가 제대로 되지 않기 때문이다. 사마우가 인함에 대해 묻자 공자가 말했다.

"인한 사람은 말을 조심해서 해야 한다."

"말을 조심해서 하면 인을 이루겠습니까?"

"실천하는 것이 어려운 것이니 말하는 것을 조심해야 한다."[13]

말만 하고 행동이 따르지 않으면 그 말은 의미가 없고 거짓말이 되어버린다. 말만 앞서는 사람들은 거짓말이 탄로나면 반성하고 즉시 행동하는 것이 아니라, 다른 말을 함으로써 그

10 司馬牛問君子한대 子曰 君子는 不憂不懼니라 曰 不憂不懼면 斯謂之君
  사 마 우 문 군 자      자 왈 군 자    불 우 불 구      왈 불 우 불 구      사 위 지 군
  子矣乎잇가 子曰 內省不疚어니 夫何憂何懼리오. 제12 안연 4장
  자 의 호    자 왈 내 성 불 구    부 하 우 하 구

11 子貢이 問君子한대 子曰 先行其言이요 而後從之니라. 제2 위정 13장
  자 공    문 군 자    자 왈 선 행 기 언    이 후 종 지

12 古者에 言之不出은 恥躬之不逮也니라. 제4 이인 22장
  고 자    언 지 불 출    치 궁 지 불 체 야

13 司馬牛問仁한대 子曰 仁者는 其言也訒이니라 曰 其言也訒이면 斯謂之
  사 마 우 문 인 한 대    자 왈 인 자    기 언 야 인      왈 기 언 야 인      사 위 지
  仁矣乎잇가 子曰 爲之難하니 言之 得無訒乎아. 제12 안연 3장
  인 의 호    자 왈 위 지 난    언 지 득 무 인 호

것을 합리화하려고 한다. 공자는 말을 아낄 것을 강조했다. "말은 뜻만 통하게 하면 그만이다."14 즉흥적으로 하는 말은 행동이 따르지 않기 때문에 진실성 없음이 곧 드러난다.

"말하는 것을 부끄러워하지 않으면 말한 것을 실천하기 어렵다."15 대중 앞에 서는 것이 수줍고 부끄러워서 말하는 것을 머뭇거린다는 의미가 아니라, 자신이 실천할 수 없는 말을 할 때 부끄럽게 생각하라는 뜻이다.

자기가 한 말을 책임지고 반드시 실천하는 사람이 말까지 잘한다면 금상첨화*일 것이다. 하지만 말을 아무리 잘해도 실천하지 않으면 그 좋은 능력도 가치가 없게 된다.

말과 행동은 산소와 불꽃과 같은 관계다. 불꽃이 말이라면 산소는 행동과 실천이다. 제아무리 강하고 아름다운 불꽃이라도 산소가 공급되지 않으면 꺼져버린다.

공자는 말과 행동이 같아야 한다는 것을 끊임없이 강조했고, 그것을 실천하는 사람이 군자라고 했다.

"군자는 말은 어눌하게 하고, 실행은 민첩하게 하려고 한

■ 금상첨화
錦 비단 금, 上 윗 상, 添 더할 첨, 花 꽃 화. 비단 위에 꽃을 더한다는 뜻으로, 좋은 일에 또 좋은 일이 겹친다는 뜻이다. 중국 북송 시대 정치가인 왕안석王安石이 만년에 은둔생활을 하며 지은 시에 나오는 말이다.

14  子曰 辭는 達而已矣니라.  제15 위령공 40장
    자 왈 사    달 이 이 의

15  子曰 其言之不怍이면 則爲之也難하니라.  제14 헌문 21장
    자 왈 기 언 지 부 작    즉 위 지 야 난

敏 재빠를 민, 민첩할 민
慎 삼갈 신
就 이룰 취

다."16

"군자는 먹을 때에 배부르게 먹는 것을 추구하지 않고, 거처하는 데 편안함을 추구하지 않으며, 일을 민첩하게 하면서 말은 신중하게 하고, 도를 지키는 사람을 찾아가서 옳고 그름을 바로잡는다. 이러한 사람이라면 배우는 것을 좋아한다고 말할 수 있다."17

배움이란 단지 글을 배우고 지식만 채우는 일이 아니다. 말한 것을 행동에 바로 옮기는 것이 중요한 것처럼, 배운 지식을 바로 행동에 옮기는 것도 역시 중요하다. 그것은 배움을 통하여 알게 된 지식을 자기의 것으로 확실히 만들어 나가는 방법이기 때문이다.

16  子曰 君子는 欲訥於言而敏於行이니라.   제4 이인 24장
　　자 왈 군 자　　욕 눌 어 언 이 민 어 행

17  子曰 君子食無求飽하며 居無求安하며 敏於事而慎於言이요 就有道而
　　자 왈 군 자 식 무 구 포　　거 무 구 안　　민 어 사 이 신 어 언　　취 유 도 이
正焉이면 可謂好學也已니라.   제1 학이 14장
정 언　　　가 위 호 학 야 이

# 나는 좋은 값으로 팔리기를 기다리는 사람이다

아는 것을 실천하여 지식과 행동을 일치하게 하는 것이 지행합일이다. 기타 연주 방법을 안다고 기타 연주를 능숙하게 잘하는 것은 아니다. 손가락이 기타 줄에 닿으면 저절로 연주가 될 정도로 무수히 연습해야 가능하다. 야구에서 투수가 투구를 할 때 공을 잡는 방법에 따라 직구, 변화구, 슬라이더 등 다양한 구질球質(공의 성질)이 구사된다. 빠른 공을 던지기 위해서는 공을 던지는 구분 동작을 정확하게 익혀 수없이 연습하고 마운드에 올랐을 때 제대로 정확하게 던져야 한다. 그러기 위해서는 이론적인 지식만 알아서는 안 되고 연습해서 몸에 배도록 해야 한다.

무엇이든지 하나를 배우면 그것이 몸에 익숙해질 때까지 연습해서 몸에 익혀야 한다. 공자는 제자 자로가 배운 대로 실천하는 데 능하다고 말했다.

"자로는 좋은 말을 듣고 미처 그것을 실행하지 못하면 행여나 다른 말을 들을까 두려워했다."[18]

그러나 예의 실천 방법만을 알아서 그대로 실행하는 것이 예의 실천은 아니다. "귀한 삼베로 면류관을 만드는 것이 본래 예절에 맞지만, 지금은 명주로 만든다. 이것이 검소한 것이므로 나는 대중들이 하는 대로 따르겠다. 대청마루 아래에서 절을 하는 것이 본래 예절이나 지금은 대청마루 위에서 절을 한다. 이것은 교만한 일이므로 비록 대중들과 다르다고 할지라도 나는 대청마루 아래에서 절을 하겠다."[19]

진정한 실천은 자신이 알고 있는 지식의 참뜻을 명확하게 알고 실행하는 것이다. 남에게 예의를 깍듯하게 지키면서 가족에게 예의를 지키지 않는 사람이 있는데, 이는 예절의 참뜻을 모르고 그냥 방법대로 실행해왔기 때문이다. 가장 가까운 가족에게 예의를 지키는 사람이 사회생활을 할 때 지나친 욕심을 부리지 않는 법이다. "자신이 그 지위에 있지 않으면, 그 지위에서 담당하는 일을 도모하지 말아야 한다."[20]

---

18  子路는 有聞이요 未之能行하여선 唯恐有聞하더라.  제5 공야장 13장
    자로    유문    미지능행    유공유문

19  子曰 麻冕이 禮也어늘 今也純하니 儉이라 吾從衆호리라 拜下 禮也어늘
    자왈 마면    예야    금야순    검    오종중    배하 예야
    今拜乎上하니 泰也라 雖違衆이나 吾從下호리라.  제9 자한 3장
    금배호상    태야  수위중    오종하

20  子曰 不在其位하여는 不謀其政이니라.  제8 태백 14장
    자왈 부재기위    불모기정

중궁과 번지가 공자에게 인에 대해 묻자, 공자는 대인관계에서 예의를 잘 지키는 사람이 인정받는다고 말했다.

"집 밖에 나갔을 때에는 큰 손님을 대하듯이 하고, 백성을 부릴 때에는 큰 제사를 받들 듯이 하고, 자신이 하고 싶지 않은 일을 남에게 시키지 말아야 한다. 이렇게 하면 나라에서도 원망을 듣지 않고, 집안에서도 원망하는 말을 듣지 않을 것이다."21

"평소에 공손하게 지내며, 일을 집행할 때에는 공경하는 마음으로 하고, 사람을 대할 때에는 충(진심)으로 대해야 한다. 비록 오랑캐 나라에 가서 행동하더라도 버려서는 안 되는 것이다."22

"공자는 상을 당한 사람이나 면류관을 쓰고 의복을 갖춰 입은 사람이나 장님을 만나면 비록 나이가 어릴지라도 앉아 있다가도 일어났으며, 그 사람들을 지나갈 때에 종종걸음을 했다."23

공자는 예를 지킬 때도 상대방의 상황을 신중히 파악하여

---

21  仲弓이 問仁한대 子曰 出門如見大賓하며 使民如承大祭하고 己所不
    중궁   문인        자왈 출문여견대빈        사민여승대제        기소불
    欲을 勿施於人이니 在邦無怨하며 在家無怨이니라.  제12 안연 2장
    욕   물시어인        재방무원        재가무원

22  樊遲問仁한대 子曰 居處恭하며 執事敬하며 與人忠을 雖之夷狄이라도
    번지문인        자왈 거처공        집사경        여인충   수지이적
    不可棄也니라.  제13 자로 19장
    불가기야

23  子見齊衰者와 冕衣裳者와 與瞽者하시고 見之에 雖少나 必作하시며
    자견자최자   면의상자   여고자        견지   수소   필작
    過之에 必趨러시다.  제9 자한 9장
    과지   필추

행동한 것이다. 또 공자는 빈부귀천을 떠나서 나이드신 분에게 항상 예의를 지켰다.

"시골 사람들과 술을 마실 때에 지팡이를 짚은 사람이 나가면 그 후에 나갔다."[24]

재산이나 권력과 무관한 시골 노인들과 함께 어울리는 자리일지라도 그들이 나간 뒤에 그 술자리를 떠나는 예의를 보였다는 뜻이다. 사소한 것처럼 보여도 이를 지키는 것이 중요하다.

"군자는 한 가지 용도에만 쓰이는 그릇처럼 한정되어 있는 사람이 아니다."[25] 용도에만 쓰이는 그릇이란 밥그릇에는 밥만 담는 것을 뜻하는데, 군자는 한 가지 재능만 있는 것이 아니라 여러 재능이 있다는 뜻이다.

예를 지키는 것이 어렵고 힘든 일인 것만 같지만, 마음에 정성만 있으면 충분히 실천할 수 있다. 다만 사람들은 사리사욕 때문에 예를 실천하지 않는다.

"하루라도 인을 실천하기 위해 자신의 힘을 다 쓴 사람이 있

---

24 鄕人飮酒에 杖者出이어든 斯出矣러시다. 제10 향당 10장
   향 인 음 주   장 자 출   사 출 의

25 子曰 君子는 不器니라. 제2 위정 12장
   자 왈 군 자   불 기

을까? 나는 그렇게 하고도 힘이 부족한 사람은 보지 못했다."[26]

인은 물리적인 노력에 의해서 이루어지는 것이 아니라 자신의 마음과 행동에서 나오는 것이다. 단지 마음의 힘이 모자라서 인을 실천하지 못하는 것이 아니며, 인을 실천할 때 자신의 역량을 발휘해야 한다는 말이다.

"나는 덕을 좋아하기를 여색을 좋아하는 것과 같이하는 사람을 보지 못했다."[27] 자신이 좋아하는 상대의 마음을 얻기 위해 온갖 노력을 다하지만, 덕을 실천하기 위해 그렇게 하는 사람은 없다는 뜻이다.

"무엇이든 말해주면 게을리하지 않는 사람은 회일 것이다."[28] 회는 안연을 말하는데 안연은 공자의 가르침을 바로 실천에 옮겼다. 안연은 공자가 가장 아끼는 제자였으나 32세의 젊은 나이에 죽고 말았다.

"애석하다! 나는 안연이 나아가는 것은 보았으나 중지하는 것은 보지 못했다."[29]

공자는 안연의 죽음을 몹시 슬퍼했고, 슬퍼하는 말 속에서

■ 애공이 공자는 걷게 하고, 애첩은 가마를 태운 것에서 나온 말이다.

26  有能一日用其力於仁矣乎아 我未見力不足者로라.  제4 이인 6장
    유 능 일 일 용 기 력 어 인 의 호    아 미 견 역 부 족 자

27  子曰 吾未見好德을 如好色者也로라.  제9 자한 17장
    자 왈 오 미 견 호 덕    여 호 색 자 야

28  子曰 語之而不惰者는 其回也與인저.  제9 자한 19장
    자 왈 어 지 이 불 타 자    기 회 야 여

29  子謂顔淵曰 惜乎라 吾見其進也요 未見其止也로라.  제9 자한 20장
    자 위 안 연 왈 석 호    오 견 기 진 야    미 견 기 지 야

까지 그의 실천을 칭찬했다.

책, 인터넷, 방송매체 등에서 다양하고 방대한 지식을 접할 수 있는 정보의 홍수 시대에 살고 있는데, 이때 지식의 좋고 나쁨을 올바르게 판단해야 한다.

"제대로 알지 못하면서 새로운 것을 창작하려는 사람이 있지만 나는 그러한 적이 없다. 많이 듣고 그중에서 좋은 것을 택하여 따르며, 많이 보고 그중에서 기억하는 것이 진실로 아는 것이다."[30]

자공이 공자에게 물었다. "여기에 아름다운 옥이 있다면, 이것을 궤 속에 보관해두시겠습니까? 아니면 좋은 값에 파시겠습니까?" 공자가 말했다. "팔아야지! 팔아야지! 나는 좋은 값으로 팔리기를 기다리는 사람이다."[31]

'구슬이 서 말이라도 꿰어야 보배다'라는 속담이 있다. 아무리 좋은 지식이라도 그것을 실천해야만 그 가치를 드러내게 되는 것이다. 실천을 하지 않는 지식은 옥과 같은 귀중한 지식을 궤 속에 감추어두고 그 진가를 활용하지 못하는 것과 같다. 지

識 알 식, 기록할 지
賈 장사 고, 가격 가

---

30 子曰 蓋有不知而作之者아 我無是也로라 多聞하여 擇其善者而從之하며
   자왈 개유부지이작지자    아무시야    다문       택기선자이종지
   多見而識之가 知之次也니라.   제7 술이 27장
   다견이식지   지지차야

31 子貢曰 有美玉於斯하니 韞匵而藏諸잇가 求善賈而沽諸잇가 子曰 沽
   자공왈 유미옥어사    온독이장저    구선가이고저    자왈 고
   之哉沽之哉나 我는 待賈者也로라.   제9 자한 12장
   지재고지재   아   대가자야

식을 실행하는 것은 머리로만 알고 있는 것을 바로 몸으로 체득하여 오감으로 느껴서 진정한 지식으로 만드는 것이다.

실천에 의한 체득은 자신의 그릇을 크게 만들고 모든 지식을 스펀지처럼 흡수할 수 있게 한다. 그러한 사람이 지혜를 갖게 되고, 인자한 성품을 갖게 되며, 정의가 바탕이 된 용맹함을 갖추게 된다. "지혜로운 사람은 헷갈려하지 않고, 인한 사람은 근심하지 않으며, 용맹한 사람은 두려워하지 않는다."[32]

지행합일을 생활화하면 지식의 옳고 그름을 곧바로 알 수 있고, 자신의 실수나 잘못도 알 수 있다. 지행합일을 실수와 잘못을 반성하고 개선하는 지침으로 삼아야 한다.

32  子曰 知者不惑하고 仁者不憂하고 勇者不懼니라.  제9 자한 28장
    자 왈 지 자 불 혹     인 자 불 우     용 자 불 구

# 허물이 있으면 고치기를 꺼리지 말아야 한다

난 반성할 게 없어!
잘났거든!

희망이
안 보인다

증자는 "나는 날마다 세 가지 점, '남을 위하여 일을 할 때 충하지 않은 점은 없었는가?' '벗을 사귈 때 충으로 대했는가?' '스승에게 배운 것을 잘 익혔는가?' 등으로 나 자신을 반성한다"[33]고 말했다. 반성이란 자신의 말이나 행동에 잘못이나 부족함이 없는지 되돌아보는 것이다. 반성은 잘못된 것은 고치고, 부족한 것은 보완하는 개선과 함께해야 한다. 그러나 반성은 쉽게 하면서 개선은 적극적으로 하지 않는 경우가 많다. 공자는 "허물이 있으면 고치기를 꺼리지 말아야 한다"[34]고 말했다.

"내가 안연과 함께 하루 종일 이야기해본 결과 내 말을 어기지 않고 의심을 하거나 반박하지 않았다. 나는 그가 알아듣지 못해서 그런 것 같아 어리석어 보였다. 그러나 그가 물러간 뒤에 그의 생활을 살펴보았더니 나와 말한 대로 충분하게 실천하고 있었으니, 그가 알아듣지 못한 것이 아니었구나!"³⁵ 공자가 가장 아낀 제자 안연을 본받아 안연처럼 행동하고, 그렇지 못한 사람을 보면 자신을 되돌아보고 고치는 것이 반성과 개선이다. "어진 사람을 보면 그와 같아지는 것을 생각하고, 어질지 못한 사람을 보면 자신이 그렇지 않은지를 반성해야 한다."³⁶

반성을 하면 그 다음에 같은 일이 없어야 하는데, 반복되는 경우가 있다. 이는 반성을 했으나 개선을 하지 않은 것이다.

"바른 말로 알려주는 것을 따르지 않을 수 있겠는가? 그러나 자신의 잘못을 고치는 것이 중요하다. 기분이 상하지 않게 완곡하게 해주는 말은 누구나 기쁘게 생각하지 않겠는가? 그러나 완곡하게 알려주는 말에서 잘못의 실마리를 찾는 것이 중요하다. 기뻐하기만 하여 잘못의 실마리를 찾지 못하고, 따르기만 하고 자신의 잘못을 고치지 못하는 사람은 나도 어쩔 수가 없다."³⁷ 공자가 생존했을 당시에도 진정으로 반성하고 개선하는 사람들이 드물어 공자는 이러한 현실을 안타까워하

憚 꺼릴 탄
愚 어리석을 우
賢 어질 현

---

33 曾子曰 吾日三省吾身하노니 爲人謀而不忠乎아 與朋友交而不信乎아
   증 자 왈 오 일 삼 성 오 신       위 인 모 이 불 충 호       여 붕 우 교 이 불 신 호
   傳不習乎아니라.  제1 학이 4장
   전 불 습 호

34 過則勿憚改니라.  제1 학이 8장, 제9 자한 24장
   과 즉 물 탄 개

35 子曰 吾與回言終日에 不違如愚러니 退而省其私한대 亦足以發하나니
   자 왈 오 여 회 언 종 일    불 위 여 우    퇴 이 성 기 사       역 족 이 발
   回也不愚로다.  제2 위정 9장
   회 야 불 우

36 子曰 見賢思齊焉하며 見不賢而內自省也니라.  제4 이인 17장
   자 왈 견 현 사 제 언       견 불 현 이 내 자 성 야

며 말했다. "그만두어야겠다! 나는 자신의 허물을 보고 마음
속으로 자책하는 사람을 보지 못하였다."38

누구에게나 허물은 있다. 실수, 경험 부족 등으로 일이 잘못
될 경우가 있게 마련이고, 잘못을 저지른 사람은 당황하게 된
다. 누구든지 실수를 할 수 있기 때문에 주변 사람들은 잘못한
사람을 충서忠恕의 마음으로 용서하고, 다독여주어 용기를 잃
지 않도록 해야 한다.

한편 잘못을 저지른 사람은 이후에 유사한 잘못을 저지르지
않도록 그 일에 대하여 반성해야만 한다. 정말로 잘못된 일은
실수를 저지르고도 그 잘못을 고치지 않는 것이다. "허물이
있어도 고치지 않는 것, 이것이 허물이다."39

《논어》에서 말하는 마음가짐과 행동가짐을 잘못 이해하면
융통성이 없이 보이고 현대 사회에서 적용할 수 없는 내용처
럼 보인다. 그러나 그 내용의 본질을 제대로 알고, 때와 장소
에 맞게 행동한다면 지혜와 능력이 풍부해지고, 누구나 친해
지고 싶어 하는 인물이 될 것이다.

---

37 子曰 法語之言은 能無從乎아 改之爲貴니라 巽與之言은 能無說乎아
　　자 왈　법 어 지 언　능 무 종 호　개 지 위 귀　　손 여 지 언　능 무 열 호
繹之爲貴니라 說而不繹하며 從而不改면 吾末如之何也已矣니라.
역 지 위 귀　　열 이 불 역　　종 이 불 개　오 말 여 지 하 야 이 의
제9 자한 23장

38 子曰 已矣乎라 吾未見能見其過而內自訟者也로라.　제5 공야장 26장
　　자 왈　이 의 호　오 미 견 능 견 기 과 이 내 자 송 자 야

39 子曰 過而不改 是謂過矣니라.　제15 위령공 29장
　　자 왈　과 이 불 개　시 위 과 의

**염백우**(冉伯牛, 기원전 544?~?)

노나라 사람으로 자는 백우(伯牛)이고 '염백우', '염자(冉子)'도 불렸다. 주 문왕의 열 번째 아들 염계재(冉季載)의 후예로 공자가 여러 나라를 두루 여행할 때 수행했지만 젊은 나이에 병에 걸려 일찍 죽었다. 덕행으로 유명했으며 사람됨이 단정하고 정의로웠다.

論語

제 4 장

# 겉모습과 본질이
# 균형을 이루다

겉모습이 먼저냐 본질이 먼저냐

지나치지도 모자라지도 않다

군자는 진실로 화합하고, 소인은 화합하는 척만 한다

사람을 부리고자 할 때에는 때에 맞게 해야 한다

임금은 임금답고 신하는 신하다워야 한다

"능력이 부족한 사람은 끝까지 가지 못하고 도중에 그만두게 되는데,
지금 너는 스스로 너의 능력에 한계를 만든 것이다."

"용맹을 좋아하지만 가난을 싫어하면 분란을 일으키고,
사람이 인하지 못한 것을 너무 미워해도 분란을 일으킨다."

# 겉모습이 먼저냐 본질이 먼저냐

옛날에는 무게를 잴 때 막대 저울을 사용했는데, 그 위에 물건을 올려놓고 추를 움직여서 수평을 맞추어 무게를 알아보았다. 그 추를 움직이는 것을 권도權度라고 한다.

어떤 일을 판단할 때 '저울질해본다' 라는 말을 하는데 이와 같은 의미다. 저울의 막대가 수평이 되었을 때 물건의 무게를 정확하게 알 수 있는 것처럼, 어떤 일을 올바르게 판단하기 위해 주변 상황(때와 장소)에 맞고 융통성 있게 결정하는 것이 권도다.

공자도 권도의 어려움에 대해 말했다. "함께 배울 수는 있어도 함께 도에 나아갈 수는 없으며, 함께 도에 나아갈 수는 있어도 의견을 함께할 수는 없으며, 의견을 함께할 수는 있어도 함께 권도를 행할 수는 없다."1

권도를 실천하기 위해서는 본말■을 알아야 한다. 무슨 일이

■ 본말전도
本 근본 본, 末 끝 말, 轉 구를 전, 倒 넘어질 도. 중요한 것과 중요하지 않은 것이 구별되지 않거나 일이 처음과 나중이 뒤바뀐다는 뜻이다. 혹은 일의 근본은 잊고 사소한 부분에만 신경쓴다는 뜻으로도 쓰인다.

든지 올바른 판단을 하기 위해서는 겉으로 드러나는 모습(외형)인 '말末'과 그 내면에 있는 '본질本質'을 잘 알아야 한다.

고기를 구워 먹을 때 그 고기가 일등급 한우라는 것은 '본(본질 혹은 바탕)'이고, 그 일등급 한우를 먹음직스럽게 구운 것이 '말(겉모습)'이다. 공자가 자하에게 말했다.

"그림 그리는 일은 그림을 그릴 흰색 비단을 준비한 후에 하는 것이다."

"(본질을 표현하는 형식인) 예를 행하는 것도 바탕이 이루어진 다음에 하는 것이군요."

"나를 분발하게 해주는 사람은 상이로구나! 이제 함께 시에 대해 말할 수 있게 되었구나."[2]

그림을 그릴 때 물감의 색상이 제대로 표현될 수 있는 하얀 종이나 캔버스가 있어야 하는 것처럼 예는 충과 신뢰를 바탕으로 한 성실함이 있어야 공손한 행동(겉모습)으로 나타난다.

자유가 말했다. "자하의 문하에 있는 제자들은 물을

---

1  子曰 可與共學이라도 未可與適道며 可與適道라도 未可與立하며 可與立
   자 왈 가 여 공 학      미 가 여 적 도      가 여 적 도      미 가 여 립      가 여 립
   이라도 未可與權이니라.  제9 자한 29장
          미 가 여 권

2  子曰 繪事後素니라 曰 禮後乎인저. 子曰起予者는 商也로다 始可與言
   자 왈 회 사 후 소      왈 예 후 호      자 왈 기 여 자      상 야      시 가 여 언
   詩已矣로다.  제3 팔일 8장
   시 이 의

뿌리고 비로 바닥을 쓸고, 손님을 응대하고, 대답하고, 나가고 물러서는 예절은 잘한다. 그러나 이것은 말단의 일이다. 근본적인 것이 없으니 어찌하겠는가?" 자하가 이 말을 듣고서 말했다. "아! 유가 말을 지나치게 하는구나. 군자의 도에서 어느 것을 우선이라고 하여 먼저 전수하고, 어느 것을 가볍게 여겨 나중으로 미루어 두고 게을리하겠는가? 초목에 비유해서 보면 큰 나무도 있고 작은 풀도 있는 것처럼 각자 다른 모습이 있는 것이다. 그에 따라 가르침을 달리해야 하는 것이거늘 군자의 도 중에서 어찌 업신여기는 것이 있겠는가? 처음과 끝을 일관되게 갖추고 있는 것은 오직 성인뿐이다."[3]

예의범절은 크고 거창한 것부터 시작하는 것이 아니라 사소한 것에서부터 실천해 나가는 것이다.

유가에서는 예악禮樂을 중히 여겼다. 예는 사람 사이에서 어떠한 절차나 형식을 통하여 서로의 마음을 표현하게 하고, 악은 인간의 감성을 고무시키고 흥겹게 하여 조화를 이루도록 한다.

---

3    子游曰 子夏之門人小子 當灑掃應對進退則可矣어니와 抑末也라 本之
     자유왈  자하지문인소자  당쇄소응대진퇴즉가의                억말야       본지
則無하니 如之何오 子夏聞之하고 曰 噫라 言游過矣로다 君子之道 孰
즉무        여지하    자하문지      왈 희  언유과의        군자지도 숙
先傳焉이며 孰後倦焉이리오 譬諸草木컨대 區以別矣니 君子之道 焉可
선전언      숙후권언        비저초목      구이별의    군자지도 언가
誣也리오 有始有卒者는 其惟聖人乎인저.    제19 자장 12장
무야      유시유졸자   기유성인호

■ 선배
원문에는 '선진先進'이라고 되어 있다. 춘추전국시대 이전 서주시대는 질서가 바로 잡혀 있었던 때이므로 겉모습과 본질이 조화를 이루었지만, 춘추시대는 겉모습만 화려하게 꾸미고 진정한 본질을 추구하지 않았기 때문에 선진의 질서 있는 시기의 행동을 따르겠다는 말이다. 주희는 선진을 주나라 전기로 후진을 주나라 말기부터 공자 시대까지로 해석했다.

"선배■들은 예악에 대하여 촌사람처럼 수수했고, 후배들은 예악에 대하여 군자처럼 형식을 갖추었다. 만일 내가 택하여 쓴다면 선배들을 따르겠다."[4]

이는 본연의 모습과 겉으로 드러난 모습에 대해 말한 것으로 예악을 표현할 때 겉으로 보이는 모습에만 충실하고자 하는 사람들에게 교훈을 주기 위해서 한 말이다.

"사치스러우면 공손하지 못하고, 검소하면 고루해진다. 공손하지 못한 것보다는 차라리 고루한 것이 낫다."[5] 누구든지 단점은 있지만, 외면을 추구하는 사람보다 내면의 본질을 추구하는 사람이 낫다는 뜻이다. 외면을 꾸미는 사람은 한결같지 않지만 내면의 본질을 추구하는 사람은 한결같기 때문이다.

그러나 본질만 앞세운다고 무조건 좋은 것은 아니다. 노나라 대부 극자성이 "군자는 본질만 추구하면 되는 것이다. 겉으로 드러나는 외면적인 것을 어디에다 쓰겠는가?" 하고 말하자, 자공이 말했다. "안타깝구나! 극자성의 말은 군자다움이 있으나, 수레를 끄는 네 마리 말이 아무리 빠를지라도 그의 혀

---

4  子曰 先進이 於禮樂에 野人也요 後進이 於禮樂에 君子也라 하나니
   자 왈 선 진     어 예 악    야 인 야    후 진    어 예 악    군 자 야
   如用之則吾從先進호리라.  제11 선진 1장
   여 용 지 즉 오 종 선 진

5  子曰 奢則不孫하고 儉則固니 與其不孫也론 寧固니라.  제7 술이 35장
   자 왈 사 즉 불 손    검 즉 고    여 기 불 손 야    영 고

에서 나오는 말을 따라잡을 수 없는 것이다. 외면은 본질과 같고 본질은 외면과 같은 것이니, 호랑이나 표범의 털을 밀면 개나 양의 털을 민 가죽과 똑같이 보인다."[6]

특유의 무늬를 없애버린 가죽은 그냥 가죽으로만 보일 뿐이다. 그렇기 때문에 본질과 외형은 적절한 균형을 이루어야 한다. "본질이 외면보다 앞서면 촌스럽고, 외면이 본질을 앞서면 성실하지 못하다. 본질과 외면이 적절하게 균형을 이루어야 군자다."[7]

惜 안타까울 석
駟 사마四馬 사. 수레를 끄는 말 네 마리를 뜻한다.
猶 '마치 ~와 같다' 유
豹 표범 표
鞹 가죽 곽

6  棘子成日 君子는 質而已矣니 何以文爲리오 子貢日 惜乎라 夫子之說이
    극 자 성 왈 군 자   질 이 이 의   하 이 문 위     자 공 왈 석 호     부 자 지 설
   君子也나 駟不及舌이로다 文猶質也며 質猶文也니 虎豹之鞹이 猶犬羊
    군 자 야   사 불 급 설     문 유 질 야   질 유 문 야   호 표 지 곽   유 견 양
   之鞹이니라. 제12 안연 8장
    지 곽

7  子日 質勝文則野요 文勝質則史니 文質이 彬彬然後에 君子니라.
    자 왈 질 승 문 즉 야   문 승 질 즉 사   문 질   빈 빈 연 후   군 자
   제6 옹야 16장

# 지나치지도 모자라지도 않다

권도를 행하려면 중용을 이루어야 하는데, 지나치지도 모자라지도 않게 균형을 이루는 것이 중용이다.

"중용의 덕은 지극하다! 이러한 덕을 지닌 백성이 적어진 지 오래되었다."[8] 이론적으로 누구나 알고 있는 내용이지만 사사로운 욕심을 버리고 중용을 이루는 것이 쉽지 않기 때문이다.

공자는 지나친 것도 모자란 것과 같다고 말했다. 자공이 공자에게 물었다.

"자장과 자하 중에서 누가 낫습니까?"

"자공은 지나치고 자하는 부족하다."

"그러면 자장이 낫습니까?"

"지나친 것은 부족한 것과 같다."[9]

이 문장에서 만들어진 고사성어가 '과유불급'이다. 넘치지도 않고 부족하지도 않게 적절한 판단을 하고 행동하는 것이

'중中'이다. 저울의 추를 좌우로 움직여서 수평을 맞추는 행동을 권도라고 한다면, 정확하게 수평이 맞추어진 시점이 중이다. 이렇게 지나치거나 모자라지도 않고 한쪽으로 치우치지도 않으며, 떳떳하고 변함없는 상태를 중용이라 한다. 어떤 사람이 중용을 지키며 행동하는 공자에 대해 말했다. "공자는 온화하면서도 엄했고, 위엄이 있었으나 사납지 않았으며, 공손했으나 자연스러웠다."[10]

한 시대를 지배하는 특정한 사상이나 유행은 변하기 마련이다. 변화의 속도가 아주 빠르면 사회적 혼란이 생기는데, 그때의 충격을 완화하기 위해서는 스프링과 같은 융통성이 필요하다. 그러나 융통성도 지나치면 없느니만 못하다. 탄탄한 스프링은 자신의 모습을 항상 유지할 수 있지만 볼펜에 있는 스프링은 강하지 못하여 잡아당기면 원래의 기능을 하지 못할 정도로 모양이 변한다.

중용을 지키기 어렵다면 지조라도 굳게 지켜야 한다. "중용을 지키는 선비와 함께할 수 없다면, 반드시 뜻이 높은 곳에

愈 뛰어날 유
猛 사나울 맹

8   子曰 中庸之爲德也 其至矣乎인저 民鮮이 久矣니라. 제6 옹야 27장
    자 왈 중 용 지 위 덕 야 기 지 의 호       민 선   구 의

9   子貢이 問 師與商也孰賢이니잇고 子曰 師也는 過하고 商也는 不及이니
    자 공   문 사 여 상 야 숙 현       자 왈 사 야   과     상 야   불 급
    라 曰 然則師愈與잇가 子曰 過猶不及이니라. 제11 선진 15장
      왈 연 즉 사 유 여   자 왈 과 유 불 급

10  子는 溫而厲려 하시며 威而不猛하시며 恭而安이러시다. 제7 술이 37장
    자   온 이 려         위 이 불 맹       공 이 안

■ 임방

자는 자구子丘로 노나라 사람
으로 알려져 있다. 공자의 제
자인지는 불확실하다.

狂 거만할 광
狷 굽히지 않을 견

있는 광자와 지혜롭지는 않지만 고집이 센 견자와 함께할 것
이다. 광자는 진취적이고 견자는 무슨 일이든 하지 않기 때문
이다."11 중용이 부족한 사람이라면 먼저 본질에 맞게 처신하
라는 말로, 말을 하기에 앞서 행동을 먼저 하라는 말과 같은
의미이다. 본질을 알게 되면 겉으로 보이는 모습은 쉽게 행할
수 있기 때문이다.

임방■이 예의 근본을 묻자, 공자는 예의 근본을 알고 싶어
하는 그를 높이 평가하고 좋은 질문을 했다며 칭찬을 아끼지
않았다. "예는 사치하기보다는 차라리 검소해야 하며, 상을
치를 때는 형식에 맞게 하기보다는 차라리 슬퍼해야 하는 것
이다."12

모든 일을 할 때 항상 중용에 맞게 실천해야 한다. 겉으로 보
이는 모습을 무조건 배척하라는 것이 아니라 중용으로 판단하
여 실행하라는 뜻이다. 그러면 사회는 조화를 이루게 된다.
《논어》에서 말하는 모든 가르침과 행동은 항상 중용을 염두에
두고 하는 말이다.

11  子曰 不得中行而與之인댄 必也狂狷乎인저 狂者는 進取요 狷者는 有所
    자 왈 부 득 중 행 이 여 지      필 야 광 견 호      광 자  진 취   견 자  유 소
    不爲也니라.  제13 자로 21장
    불 위 야

12  林放이 問禮之本본대 子曰 大哉라 問이여 禮는 與其奢也론 寧儉이요
    임 방   문 예 지 본    자 왈 대 재  문 이여  예   여 기 사 야   영 검
    喪은 與其易也론 寧戚이니라.  제3 팔일 4장
    상   여 기 이 야  영 척

# 군자는 진실로 화합하고, 소인은 화합하는 척만 한다

'화和'는 서로 뜻이 맞아 좋은 상태를 말하는 것으로 조화, 평화, 화목과 같은 단어에 쓰이는 글자다. 충서의 마음가짐을 갖고 중용을 판단 기준으로 삼아 겸손하게 행동하면 '화'가 이루어진다. 이러한 상태를 중화라고 한다. 즉, 중화란 서로 다른 성격의 사람들이 희로애락과 같은 감정을 중용으로 조절하여 자신의 개성을 잃지 않으면서 조화를 이루는 것을 뜻한다. 이러한 중화는 조화뿐만 아니라 경쟁에서도 필요하다.

"활을 쏠 때 표적의 가죽을 뚫는 것에 중점을 두지 않은 것은 활 쏘는 사람의 힘이 각각 달랐기 때문이다."[13] 예전에 활은 중요한 무기였으나 마음을 수양하는 도구로도 쓰였다. 정신력을 대결하는 용도로 쓰인 것이다. 이때는 힘의 강약이 중요한 것이 아니며 모두 동등한 힘을 가진 것이 아니기 때문에, 이러한 점을 고려하여 과녁을 뚫는 것에 중점을 둔 것이 아니라 과녁을 맞히는 데 중점을 둔 것이다. 이때의 활쏘기는 힘자랑이 아니라 정신력의 대결이었으니 말이다.

중용의 도로 선의의 경쟁에 임하는 사람은 여유로움을 보이지만 그렇지 못한 사람은 수단과 방법을 가리지 않고 다른 사람을 이기기 위해 늘 고민하고 초조해한다. "군자는 평온하고 너그럽지만 소인은 늘 근심에 차 있다."[14] 경쟁을 할 때는 최선을 다해 선의의 경쟁을 하고, 결과가 만족스럽지 못하더라도 겸허하게 받아들이고 훗날을 준비하는 자세가 필요하다. 그런데 경쟁할 때 조화만 생각하여 무조건 양보하는 것은 중화가 아니다. "조화가 중요하다고 조화만 이루려 하고 예로써 절제하지 않는 것은 옳지 않다."[15]

월급은 언제 줄 거예요?

군자는 기다릴 줄 아느니라!

중화를 이루려고 할 때에도 중용으로 이루어야 한다는 뜻이다. 자신의 의견과 다른 의견을 적절하게 조화시키라는 말이다. 유행을 따라 가되 자신의 개성을 드러나게 하는 것이다.

큰 뜻을 지닌 사람이나 중용의 도가 이루어진 사람은

---

13  子曰 射不主皮는 爲力不同科니 古之道也니라.  제3 팔일 16장
    자 왈 사 불 주 피    위 력 부 동 과    고 지 도 야

14  子曰 君子는 坦蕩蕩이요 小人은 長戚戚이니라.  제7 술이 36장
    자 왈 군 자    탄 탕 탕    소 인    장 척 척

15  知和而和요 不以禮節之면 亦不可行也니라.  제1 학이 12장
    지 화 이 화    불 이 예 절 지    역 불 가 행 야

중화를 우선으로 생각한다. "군자는 화합하는 척만 하는 것이 아니라 사람들과 진실로 화합하고, 소인은 화합하는 척만 하고 진실로 화합하지 않는다."[16]

중화는 타인의 의견을 존중해주는 것이다. 달리 말하면 정당 정치에서 구성원 중 한 사람이 정당의 공식적인 의견과 다르면 그 무리에서 강한 배척을 받는다. 이는 국민의 이익을 먼저 생각하는 것이 아니라 정당의 이익만을 추구하기 때문이다.

"용맹을 좋아하지만 가난을 싫어하면 분란을 일으키고, 사람이 인하지 못한 것을 너무 미워해도 분란을 일으킨다."[17] 지도자와 관료의 화합도 중요하지만 관료끼리의 중화 역시 중요하다. 그런 점을 잘 알고 있던 공자는 윗사람에게나 아랫사람에게나 그 지위에 맞게 예를 다했다. "조정에서 자신과 같은 직급인 하대부와 말할 때는 강직하게 말했으며, 상대부와 말할 때는 온화하고 부드럽게 말하면서도 뜻을 분명히 했다. 임금이 있는 자리에서는 공경하는 태도를 보이며 근엄하게 행동했다."[18]

同 같을 동. '의견을 같이하다.' '화합하다'는 뜻으로 군자는 겉으로 보이는 의견과 속뜻이 같고, 소인은 속마음은 다르지만 겉으로는 의견을 같이하고 있는 척한다는 뜻이다.

---

16  子曰 君子는 和而不同하고 小人은 同而不和니라.  제13 자로 23장
　　자 왈 군 자　　화 이 부 동　　소 인　　동 이 불 화

17  子曰 好勇疾貧이 亂也요 人而不仁을 疾之已甚이 亂也니라.  제8 태백 10장
　　자 왈 호 용 질 빈　　난 야　　인 이 불 인　　질 지 이 심　　난 야

18  朝에 與下大夫言에 侃侃如也하시며 與上大夫言에 誾誾如也러시다 君
　　조　　여 하 대 부 언　　간 간 여 야　　여 상 대 부 언　　은 은 여 야　　군
在어시든 踧踖如也하시며 與與如也러시다.  제10 향당 2장
재　　　　축 적 여 야　　여 여 여 야

■ 시골
원문에는 '향당'이라고 되어
있다. 향당은 자신이 태어난
시골 마을을 뜻하는 것으로
고향을 말한다. 예전에는 500
집이 '당', 1만 2,500집이 '향'
이었다. 《논어》에서 향당은 그
냥 시골 마을을 뜻한다.

이러한 행동가짐이 지위와 계급에 맞도록 행동하여 중화를 이루려고 노력하는 모습이다. 국정을 논하는 조정이든지 작은 시골 마을이든지 모든 곳에서 이루어져야 한다. "공자는 시골■에 거처할 때에는 겸손하게 낮추어 남 앞에 나서지 않아 말을 못하는 사람처럼 행동했다. 그러나 예법을 지켜야 하는 종묘와 정치가 행해지는 조정에서는 말을 유창하고 분명하게 했다. 다만 그 말을 신중하게 했다."[19]

자로가 선비다운 사람에 대해 묻자, 공자가 답했다. "진심으로 격려하고 화평하게 지내며 즐거우면 선비라고 말할 만하니 친구 간에는 진심으로 격려하며, 형제간에는 화평하고 즐겁게 지내야 한다."[20]

어떤 무리에서 조화를 이루고자 할 때 중용의 마음으로 판단하고 나서 실행하면 중화를 이룰 수 있다. 사람과 환경에 따라 처신을 다르게 할 수 있는데, 같은 사람을 대할 때도 때에 따라 다르게 대해야 한다. 자신이 무슨 일을 할 때도 그 상황에 맞게 행동하는 것이 합리적이다.

19 孔子於鄕黨에 恂恂如也하사 似不能言者러시다 其在宗廟朝廷하사는
　　공 자 어 향 당　　순 순 여 야　　　사 불 능 언 자　　　　기 재 종 묘 조 정
便便言하사되 唯謹爾러시다. 제10 향당 1장
변 변 언　　　　유 근 이

20 子路問曰 何如라야 斯可謂之士矣잇고 子曰 切切偲偲하며 怡怡如也면
　　자 로 문 왈　하 여　　　사 가 위 지 사 의　　　자 왈 절 절 시 시　　　이 이 여 야
可謂士矣니 朋友엔 切切偲偲요 兄弟엔 怡怡이니라. 제13 자로 28장
　가 위 사 의　　붕 우　　절 절 시 시　　　형 제　　이 이

# 사람을 부리고자 할 때에는 때에 맞게 해야 한다

중용을 기준으로 삼아 시기에 맞게 실천하는 것을 시중時中이라고 한다. 보통 어떤 일을 시작하기 전에 계획표를 만든다. 목표한 날짜에 일을 완성하려면 계획표대로 실행해야만 실패하지 않기 때문이다.

"나라▪를 다스릴 때 일을 공손히 받들어 하고 백성들이 믿게 하며, 재물을 쓸 때는 절약하고 다른 사람을 사랑하고, 백성을 동원할 때는 때에 맞게 해야 한다."21 농부가 모내기를 할 시기에 모내기를 하지 않으면 벼를 수확할 수 없다. 농번기에는 백성들을 성 쌓는 일이나 군사로 동원해서는 안 된다는 뜻이다. 모든 일은 때를 가려서 해야 한다는 뜻이다.

농사만 짓고 살던 고대에는 정확한 달력을 만들어서 백성에게 알리는 일이 국가의 중요한 일 중 하나였다. 공자가 농사와 관련해서 제일 처음 한 말은 안연이 나라를 다스리는 일에 대

▪ 나라
원문 '천승지국'은 전쟁 때 병거(전쟁할 때에 쓰는 수레) 1,000대를 갖출 힘이 있는 나라라는 뜻으로, 제후국(제후가 다스리는 나라)을 이르는 말이다. 이는 주자의 해석이다. 만승지국은 병거 1만 채를 갖출 만한 힘이 있는 나라라는 뜻으로, 천자국(천자가 다스리는 나라)을 이르는 말이다. 이와 다른 해석도 있는데 중국 후한시대의 학자 포함은 백승지국을 '백리지국百里之國'이라고 했다.

나랏일이 우선이야, 어서 가자!

모든 것은 때에 따라 해야 하는 거 아니오?

해서 물을 때였다. "농사일에 가장 알맞은 하나라 달력을 쓰겠다."[22] 이 말이 공자가 처음으로 농사와 관련해서 한 말이다.

"나이 마흔이 되어서도 미움을 받으면 그 사람은 그대로 끝난 것이다."[23] 마흔은 인생의 중반이다. 계절로 따지면 가을로 접어들었다고 볼 수 있다. 어느 정도 덕을 쌓은 시기에 남에게 미움을 받는다는 것은 때를 맞추지 못한 것이다. 자신이 어떤 일을 해야만 하는 시기에 그 일에 최선을 다하는 것이 중요하다.

염구가 말했다. "저는 선생님의 도를 좋아하지만 능력이 부족합니다." 그러자 공자가 말했다. "능력이 부족한 사람은 끝까지 가지 못하고 도중에 그만두게 되는데, 지금 너는 스스로 너의 능력에 한계를 만든 것이다."[24]

미리 포기하기보다는 자신감을 갖고 계획을 세워 차근차근 실천해야 한다.

"나는 열다섯 살에 학문에 뜻을 두었고, 서른 살에 자립했으

21 子曰 道千乘之國호되 敬事而信하며 節用而愛人하며 使民以時니라.
   자 왈  도 천 승 지 국      경 사 이 신      절 용 이 애 인      사 민 이 시
   제1 학이 5장

22 顔淵이 問爲邦한대 子曰 行夏之時하며.  제15 위령공 10장
   안 연   문 위 방   자 왈  행 하 지 시

23 子曰 年四十而見惡焉이면 其終也已니라.  제17 양화 26장
   자 왈  년 사 십 이 견 오 언     기 종 야 이

24 冉求曰 非不說子之道언마는 力不足也로이다. 子曰 力不足者는 中
   염 구 왈  비 불 열 자 지 도      역 부 족 야      자 왈  역 부 족 자   중
   道而廢하나니 今女는 畵이로다.  제6 옹야 10장
   도 이 폐     금 녀   획

며, 마흔 살에 미혹되지 않았고, 쉰 살에 천명을 알았고, 예순 살에 귀로 듣는 것은 그대로 이해되었고, 일흔 살에 마음에서 하고자 하는 바를 따라도 법도에 어긋나지 않았다."[25] 공자는 열다섯 살에 학문에 뜻을 두고 그 뜻에 따라 실천하고 전념했기 때문에 후세에 이름을 남기게 되었다.

그러나 계획도 반드시 때와 능력에 맞게 세워 실천할 수 있도록 해야 한다. 자공이 "선생님의 문장은 들을 수 있으나 선생님께서 인간의 본성과 하늘의 도리를 말씀하시는 것은 들을 수 없었다"[26]고 말한 적이 있다. 자공이 그 말을 들을 수 없었던 것은 그것을 말해주어도 이해할 수 없는 시기였기 때문이다. 능력이 되지 않는 자에게 넘치게 가르치는 것도 때에 맞지 않는 것이다.

서른 살에는 스스로 가치관을 확립하고 경제적으로 자립할 시기다. 이 시기에도 부모에게 의존하고 자신의 역할을 하지 못하는 사람들이 많다. 뜻만 높게 세워 실천하지 못하는 것보다는 자신의 능력에 맞게 뜻을 세우고 실천해야만 한다.

---

25 子曰 吾十有五而志于學하고 三十而立하고 四十而不惑하고 五十而知
　　자 왈 오십유오이지우학　　삼십이립　　　사십이불혹　　　오십이지
　　天命하고 六十而耳順하고 七十而從心所欲호되 不踰矩호라. 제2 위정 4장
　　천 명　　육십이이순　　　칠십이종심소욕　　　불유구

26 子貢曰 夫子之文章은 可得而聞也어니와 夫子之言性與天道는 不可得
　　자 공 왈 부자지문장　　가득이문야　　　부자지언성여천도　　불가득
　　而聞也니라. 제5 공야장 12장
　　이 문 야

마흔 살에는 자식농사가 한창일 때다. 자식에게 귀감이 되고, 자신의 경험을 토대로 자식을 가르쳐야 하는 시기이므로 마음가짐과 행동가짐이 완성되어 당연한 일에 의심을 품지 않을 정도가 되어야 한다. 쉰 살, 예순 살, 일흔 살에는 세상 사는 이치를 깨닫게 된다. 이러한 이치를 후손에게 가르쳐 주는 것이 때에 맞는 행동이다.

나이에 걸맞게 행동하고 자신의 직책에 알맞은 행동을 해야 하는 것도 중요하다. 증자는 군자가 그에 맞게 행동하는 사람이라고 말했다. "군자는 생각하는 것이 현재 자신이 있는 자리에서 벗어나지 않는다."27

---

27 曾子曰 君子는 思不出其位니라. 제14 헌문 28장
   증 자 왈  군 자     사 불 출 기 위

# 임금은 임금답고 신하는 신하다워야 한다

자신의 직분에 맞게 행동하는 것을 정명이라고 한다. 정명
은 바를 '정正' 자에 이름 '명名' 자로 이루어진 단어다. 이름
대로 올바르게 행동한다는 뜻이다. 연장자로서 인한 모습을
보이면 인덕이 있는 사람이라고 하는데, 어른으로서 어른답게
행동하기 때문이다.

시중(때에 맞게 행동함)을 좀더 자세히 말하면 자신의 처지 혹
은 자신이 처한 상황에 맞게 행동하는 것이다. 학생 때는 성인
이 되어서 해야 할 일의 기초를 다지는 시기이다. 대학에서 집
중적으로 전공을 공부하는 것과는 달리 다양한 과목을 공부하
는 것도 그러한 이유에서이다.

자로가 물었다. "위나라 임금이 선생님을 모시고 정치를 하
려고 기다리고 있는데, 선생님께서는 장차 무슨 일을 가장 먼
저 하시겠습니까?" 공자가 대답했다. "반드시 명분을 바로잡

■ **경공**
춘추시대 제후국인 제나라의
임금으로 성은 강姜, 이름은
저구杵臼이다.

는 일을 먼저 하겠다."<sup>28</sup> 공자가 명분을 바로잡겠다고 한 뜻은
정명이 제대로 서 있지 않아 무질서한 위나라의 질서를 바로
잡겠다는 뜻이다. 임금이 임금답고, 신하가 신하답고, 아버지
가 아버지답고, 자식이 자식다우면 즉 각자의 지위에 걸맞게
행동하면 질서가 바로 선다는 말이다.

경공■이 공자에게 정치에 대해 묻자 공자가 대답했다. "임
금은 임금다워야 하고, 신하는 신하다워야 하며, 아버지는 아
버지다워야 하고, 자식은 자식다워야 합니다."<sup>29</sup> 한 사회를 구
성하는 구성원의 역할은 나누어져 있다. 직업에 귀천이 없다
는 말을 들어보았을 텐데 힘들고 험한 일이건, 편하고 안정적
인 일이건 각자의 역할이 중요하다는 뜻이다. 정명에 따라 자
신이 해야 할 일을 스스로 하고 노력하면 자기 분야에서 최고
가 될 것이다.

자공이 "군자도 미워하는 것이 있습니까?" 하고 묻자, 공자
가 말했다. "미워하는 것이 있다. 남의 악함을 말하는 사람을
미워하고, 지위가 낮은 사람이 윗사람을 비방하는 것을 미워

---

28 子路曰 衛君이 待子而爲政하시나니 子將奚先이시리잇고 子曰 必也正
　　자 로 왈　위 군　　　대 자 이 위 정　　　　자 장 해 선　　　　　　자 왈　필 야 정
名乎인저. 제13 자로 3장
명 호

29 齊景公이 問政於孔子한대 孔子對曰 君君 臣臣 父父 子子니이다.
　　제 경 공　문 정 어 공 자　　　공 자 대 왈　군 군　신 신　부 부　자 자
제12 안연 11장

하고, 용기만 있고 예의가 없는 사람을 미워하고, 과감하기만
하고 융통성이 없어 앞뒤가 꽉 막힌 사람을 미워한다"고 말했
다.[30] 임금은 임금답게 지도력을 키우고, 인덕을 갖추고 난 후
에 신하들을 다스려야 백성이 평안하다. 신하는 신하로서 임
금을 잘 보필하고, 자신의 일을 성실히 수행해야 한다. 이것이
제대로 되지 않으면 신하가 임금을 몰아내고 권력을 잡으려
하는 일이 일어난다.

"임금을 섬길 때 예를 다하는 것을 보고 사람들이 아첨한다
고 말한다."[31] 자신의 위치에서 예를 다하는 사람을 시기하거
나 손가락질하는 것은 잘못된 행동이다. 아첨과 진정한 예를
구분할 줄 알아야 한다. 자신의 이름에 맞게 행동하려면 끊임
없이 배우고 실천해야 한다. 그렇게 하면 중용의 도를 이룰 수
있고, 식견이 넓어지고, 자신의 위치에서 적합한 행동을 할 수
있다.

어느 날 공자는 자로에게 여섯 가지 덕과 여섯 가지 폐단에
대해 말했다.

■ 惡
'악하다'의 뜻으로 쓰일 때는
'악'으로 읽고, '미워하다'의
뜻으로 쓰일 때는 '오'로 읽
는다.

---

30  子貢曰 君子 亦有惡乎잇가 子曰 有惡하니 惡稱人之惡者하며 惡居下流
    자 공 왈 군 자  역 유 오 호      자 왈  유 오      오 칭 인 지 악 자      오 거 하 류
    而訕上者하며 惡勇而無禮者하며 惡果敢而窒者니라. 제17 양화 24장
    이 산 상 자      오 용 이 무 례 자      오 과 감 이 질 자

31  子曰 事君盡禮를 人以爲諂也로다. 제3 팔일 18장
    자 왈 사 군 진 예  인 이 위 첨 야

"유야. 너는 육언과 육폐에 대해 들어본 적이 있느냐?"

"아직 들어보지 못했습니다."

"앉아라. 내가 너에게 말해주겠다. 인을 좋아하지만 배우는 것을 좋아하지 않으면 그 폐단은 어리석음이 되고, 지혜로움은 좋아하고 배우는 것을 좋아하지 않으면 그 폐단은 방탕함이 되고, 신의를 좋아하고 배우는 것을 좋아하지 않으면 그 폐단은 남을 해하는 것이 되고, 곧음을 좋아하고 배우는 것을 좋아하지 않으면 그 폐단은 인정없게 되고, 용맹함을 좋아하고 배우는 것을 좋아하지 않으면 그 폐단은 무질서가 되고, 굳셈을 좋아하고 배우기를 좋아하지 않으면 그 폐단은 경솔하게 되는 것이다."[32]

공자는 제자들에게 배움과 실천의 중요함에 대하여 끊임없이 강조했다.

---

32 子曰 由也아 女聞六言六蔽矣乎아 對曰 未也로이다 居하라 吾語女호
   자 왈 유 야   여 문 육 언 육 폐 의 호   대 왈 미 야   거   오 어 여
리라 好仁不好學이면 其蔽也愚하고 好知不好學이면 其蔽也蕩하고 好
   호 인 불 호 학   기 폐 야 우   호 지 불 호 학   기 폐 야 탕   호
信不好學이면 其蔽也賊하고 好直不好學이면 其蔽也絞하고 好勇不好
신 불 호 학   기 폐 야 적   호 직 불 호 학   기 폐 야 교   호 용 불 호
學이면 其蔽也亂하고 好剛不好學이면 其蔽也狂이니라.  제17 양화 8장
학   기 폐 야 란   호 강 불 호 학   기 폐 야 광

**중궁**(仲弓, 기원전 522~?)

노나라 사람으로 이름은 염옹(冉雍)이다. 덕망이 높고 예를 강조했으며 어질었지만 말재주는 없었다. 염백우와는 같은 집안사람이다. 공자는 그의 재능을 칭송하면서 혈통상 다소 문제가 있는 점을 두고 능력에 따른 인재 등용의 필요성을 주장했다.

論語

제 5장

# 효는
# 어긋남이 없어야 한다

사랑하는 사람을 수고롭게 하다

예에 따라 섬겨야 한다

삼년상은 천하의 공통된 상이다

효를 행하는 사람은 윗사람을 해하지 않는다

효의 시작은 자신의 몸을 돌보는 것이다

"사랑하는 사람을 어찌 수고롭지 않게 할 수 있겠는가?
진심으로 대하는 것이라면 어찌 깨우쳐 주지 않을 수 있겠는가?"

"군자를 모실 때 범하기 쉬운 세 가지 잘못이 있다.
말할 때가 되지 않았는데 먼저 말하는 것을 조급함이라고 하고,
말할 때가 되었는데 말하지 않는 것을 숨김이라고 하며,
안색을 살피지 않고 말하는 것을 장님이라고 한다."

# 사랑하는 사람을 수고롭게 하다

공자가 자신의 아들 백어(이름은 리, 백어는 자이다)에게 말했다. "너는 《시경》\*의 '주남'과 '소남'을 배웠느냐? 사람으로서 이것을 배우지 않으면 담장을 마주하고 있는 것(앞이 막혀서 아무것도 볼 수 없고 한 걸음도 나아갈 수 없는 것)과 같다."[1]

유학 오경 중의 하나인 《시경》의 첫편 '주남'과 '소남'은 자신의 몸을 닦고 집안을 다스리는 내용으로, 공자는 이것을 통해 가족의 소중함을 강조했다.

가족 간에 예가 잘 지켜지지 않기도 하는데, 이는 잘못된 것이다. 가족 내에서 먼저 예를 생활화하면 사회에 나가서도 자연스럽게 예에 따라 행동하여 조화를 이루는 사람이 된다. 예는 가정의 화목과 가족 구성원 간의 조화를 위해서 꼭 필요한 덕목이다.

"자신이 바라는 것으로 남이 바라는 것이 무엇인지를 아는

■ 《시경》
중국에서 가장 오래된 시집으로 주나라 초기부터 춘추시대 초기까지의 글 305편을 수록하고 있다. 본래 3,000여 편이었던 것을 공자가 311편으로 간추려 정리했다고 전하지만, 오늘날 전하는 것은 305편이다. 크게 〈풍風〉, 〈아雅〉, 〈송頌〉으로 분류되고, 다시 〈아〉가 '대아', '소아'로 나뉜다. 〈풍(국풍)〉은 주로 남녀 간의 정과 이별을 다루었고, 〈아〉는 공식 연회에서 쓰는 의식가이며, 〈송〉은 종묘의 제사에서 쓰는 악시이다. 공자는 시경 공부는 감정을 흥기시켜서 배움에 박차를 가한다고 여겨 대단히 중요하게 생각했다.

■ 안로

안로 역시 공자의 제자였다.
이름은 무유無繇, 자가 로이다.

것이 인을 행하는 방법이다."2

인은 가까운 가족에서부터 시작하여 모든 인류에게 도달한
다는 뜻이다.

공자가 제자 중 안연을 가장 아꼈으나 아들과 제자의 죽음
앞에서는 제자보다 혈육인 자식을 먼저 생각했다. 사욕을 버
리고 인을 가장 중요하게 생각했던 공자도 가족이 우선이었음
을 알 수 있다.

안연이 죽자 안연의 아버지 안로■가 공자를 찾아와 공자에
게 타고 다니는 수레를 팔아 관을 담는 겉곽을 만들어달라고
청하자, 공자가 말했다. "자식이 재주가 있든지 없든지 부모
는 자기 자식을 위해 말한다. 내 아들 리가 죽었을 때도 관만
있었고 겉곽은 없었다. 내가 내 자식이 죽었을 때 겉곽을 만들
기 위해 수레를 팔고 걸어 다니지 않은 것은 대부의 신분으로
걸어 다닐 수 없었기 때문이다."3

이 문장은 인은 가까운 데서 먼저 시작하고 확장해 나가는
것임을 잘 나타내고 있다. 비록 자식이 죽었다고 할지라도, 수

---

1 子謂伯魚曰 女爲周南召南矣乎아 人而不爲周南召南이면 其猶正牆面
　자 위 백 어 왈 　여 위 주 남 소 남 의 호 　　인 이 불 위 주 남 소 남 　　　기 유 정 장 면
而立也與인저. 제17 양화 10장
이 입 야 여

2 能近取譬면 可謂仁之方也已니라. 제6 옹야 28장
능 근 취 비 　가 위 인 지 방 야 이

3 顏淵이 死어늘 顏路請子之車하여 以爲之槨한대 子曰 才不才에 亦各
　안 연 　사 　　안 로 청 자 지 거 　　　이 위 지 곽 　　　자 왈 　재 부 재 　　역 각
言其子也니 鯉也死어늘 有棺而無槨호니 吾不徒行하여 以爲之槨은 以
언 기 자 야 　리 야 사 　　　유 관 이 무 곽 　　　오 불 도 행 　　　이 위 지 곽 　이
吾從大夫之後라 不可徒行也일새니라. 제11 선진 7장
오 종 대 부 지 후 　불 가 도 행 야

레까지 팔아서 상을 성대하게 치르는 것은 공직에 있는 관리
가 공적인 일을 수행할 때 영향을 받게 되므로 사사로운 감정
을 대입시키지 않았다는 뜻이다.

　부모가 하는 모든 말이 잔소리로 들리는 시기가 있는데, 시
간이 흘러 자신이 부모가 되면 부모의 마음을 알게 된다. 그때
부모님이 자기를 사랑해서 그러했다는 것을 말이다.

　"사랑하는 사람을 어찌 수고롭지 않게 할 수 있겠는가? 진심
으로 대하는 것이라면 어찌 깨우쳐 주지 않을 수 있겠는가?"⁴

　"군자가 경계해야 할 세 가지가 있다. 젊을 때는 혈기가 안
정되지 않기 때문에 재물과 여색을 경계해야 하며, 장성해서
는 혈기가 한창 강해지므로 싸움을 경계해야 하며, 늙어서는
혈기가 쇠약하므로 재물을 탐하지 않도록 경계해야 한다."⁵

　"좋아하면 유익한 세 가지가 있고, 좋아하면 손해인 세 가지
가 있다. 예악으로 절제하기를 좋아하고, 남의 선함을 말하기
좋아하고, 어진 벗을 많이 사귀는 것을 좋아하면 유익하다. 교
만하게 즐거움을 좋아하고, 방탕하여 편안히 노는 것을 좋아

誨 가르칠 회
鬪 싸움 투
旣 이미 기

---

4　子曰 愛之인댄 能勿勞乎아 忠焉인댄 能勿誨乎아. 제14 헌문 8장
　　자 왈 애 지　　능 물 로 호　　충 언　　　능 물 회 호

5　孔子曰 君子有三戒하니 少之時에는 血氣未定이라 戒之在色이요 及其
　　공 자 왈 군 자 유 삼 계　　소 지 시　　혈 기 미 정　　계 지 재 색　　　급 기
　　壯也하여는 血氣方剛이라 戒之在鬪요 及其老也하여는 血氣旣衰라 戒
　　장 야　　　혈 기 방 강　　계 지 재 투　　급 기 노 야　　　혈 기 기 쇠　　계
　　之在得이니라. 제16 계씨 7장
　　지 재 득

하고, 향락에 빠지는 것을 좋아하면 손해다."6

부모가 자식을 바른 길로 이끌려 하고 좋은 친구를 사귀라고 하는 이유는 바르게 자라 사회에 보탬이 되는 구성원이 되길 바라기 때문이다.

원양◾이 걸터앉아서 공자를 기다렸는데 이 모습을 보고 공자가 말했다. "어려서는 공손하지 않고, 장성해서는 칭찬받을 만한 일을 하지 않고, 늙어서는 죽지 않으니 이는 도를 해치는 사람이다." 그리고 지팡이로 그의 정강이를 내리쳤다.7

'세 살 버릇 여든까지 간다'는 속담이 있듯이 어떤 일이든 하루아침에 이루어지지 않는다. 그러니 원대한 일보다는 작은 일부터 실천해 나가도록 해야 한다. 그렇게 단계를 밟아나가다 보면 크고 중요한 일을 하는 데 거리낌이 없을 것이다.

---

6  孔子曰 益者三樂요 損者三樂니 樂節禮樂하며 樂道人之善하며
   공 자 왈   익 자 삼 요   손 자 삼 요   요 절 례 악         요 도 인 지 선
   樂多賢友면 益矣요 樂驕樂하며 樂佚遊하며 樂宴樂이면 損矣니라.
   요 다 현 우   익 의   요 교 락       요 일 유       요 연 락       손 의
   제16 계씨 5장

7  原壤이 夷俟러니 子曰 幼而不孫弟하며 長而無述焉이요 老而不死
   원 양   이 사     자 왈   유 이 불 손 제     장 이 무 술 언       노 이 불 사
   가 是爲賊이라 하시고 以杖叩其脛하시다.  제14 헌문 46장
      시 위 적           이 장 고 기 경

# 예에 따라 섬겨야 한다

효도는 자녀가 부모를 성심껏 섬기는 행위로 부모를 진심으로 공경하는 사람은 효가 몸에 배어 있어 사회생활을 할 때도 행실을 바르게 한다.

제후들이 난립하던 춘추시대에 제후 섭공＊이 공자에게 자랑하며 말했다. "우리나라에는 정직하게 행동하는 사람이 있으니, 그의 아버지가 양을 훔치자 아들이 그 사실을 증언했습니다." 그러자 공자가 말했다. "우리나라의 정직한 사람은 그와는 다릅니다. 아버지는 자식을 위하여 숨겨주고 자식은 아버지를 위하여 숨겨주니, 정직함은 그 가운데 있는 것입니다."8

비록 아버지가 양을 훔친 도둑이라 할지라도 자신을 낳아주고 키워준 아버지를 신고하는 것은 자식으로서 할 수 없는 일이다. 천륜을 저버리는 일이기 때문이다. 법보다 천륜을 우선한 것이다.

■ 섭공
초나라의 대부로 초나라에 있는 섭 땅을 식읍(공로를 세운 왕족, 공신, 대신들에게 특별 보상으로 주는 땅. 그 지역 조세를 거두도록 했으며, 봉작과 함께 대대로 상속되었다)으로 받았다. 성은 심沈, 이름은 제량諸梁, 자는 자고子高로 명망 있던 사람이었다. '잎사귀 엽葉' 자는 지명 이름이나 사람의 성으로 쓰일 때는 '섭'으로 발음한다.

■ 맹의자
노나라의 대부로 성은 중손仲
孫, 이름은 하기何忌, 자는 자
子이다. 제후 민공閔公을 시해
한 공중共仲의 이름에서 중仲
을 피하여 맹손이라고 부르게
되었다. 아버지 맹희자가 죽
음에 임박하여 공자에게 예를
배우도록 하여 공자의 제자가
되었다.

■ 원본은 '無違무위'이다. 부
모님의 말을 무조건 따르라
는 것이 아니라 '도에 어긋남
이 없이 예에 어긋남이 없이'
따르라는 뜻이다.

사람은 청소년기가 되면 사춘기를 맞는데 이때 육체적인 변화가 일어나고 감수성이 높아지고 자의식이 강해지기 시작한다. 이때부터 정서와 감정이 불안정해지는 일명 반항기가 시작되는데, 부모와 자식 간의 갈등이 극에 달한다. 자식들은 부모와 세대 차이를 느끼며 대화를 피한다.

동물들은 이 무렵에 새끼들을 매몰차게 독립시키지만 사람은 반항하는 자녀를 다잡기 위해 구속이 심해진다. 이럴 때 부모와 감정적 대응을 하기보다는 서로의 처지를 이해하려고 노력해야 한다.

맹의자■가 효에 대하여 묻자 공자가 대답했다. "어긋남이 없어야 한다."■ 맹의자는 제대로 이해하지 못했으나 더 묻지 않았다. 공자는 맹의자가 그 뜻을 이해하지 못하고 단순하게 부모의 명령에 무조건 따르는 것으로 알아들은 것 같아 염려되었다. 그리하여 맹의자와 대화를 마친 후 되돌아가는 길에 수레를 모는 번지에게 그 상황에 대해 말했다. "맹의자가 나에게 효를 묻기에 내가 '어긋남이 없어야 한다'고 했다." 번지

8  葉公이 語孔子曰 吾黨에 有直躬者하니 其父攘羊이어늘 而子證之
   섭 공    어 공 자 왈   오 당    유 직 궁 자      기 부 양 양        이 자 증 지
하니이다 孔子曰 吾黨之直者는 異於是하니 父爲子隱하며 子爲父隱하
         공 자 왈 오 당 지 직 자    이 어 시      부 위 자 은      자 위 부 은
나니 直在其中矣니라.  제13 자로 18장
     직 재 기 중 의

도 그 뜻을 이해하지 못했다. "무슨 말씀이십니까?" 그러자 공자가 말했다. "살아계실 때는 예에 따라 섬기고, 돌아가신 후에는 예법에 따라 장례를 치르고, 예법에 따라 제사를 지내는 것이다."9

공자는 부모의 잘못을 알았을 때도 공경하는 마음으로 목소리를 낮추고 조심스럽게 말씀드려야 한다고 말했다. "부모님을 모실 때 말씀드릴 것이 있으면 조심스럽게 말씀드리고, 부모님이 그 말을 따르지 않으려고 해도 공경하고, 부모님의 말씀을 어기지 않아야 하며, 자신이 수고로워도■ 부모님을 원망하지 말아야 한다."10

부모는 자식을 위하여 어려운 일들을 감수하며 생활한다. 자식들은 그러한 사실을 염두에 두고 부모의 안색을 살피며, 부모가 물어보는 것이 있으면 성의껏 대답해야 한다. "군자를 모실 때 범하기 쉬운 세 가지 잘못이 있다. 말할 때가 되지 않았는데 먼저 말하는 것을 조급함이라고 하고, 말할 때가 되었는데 말하지 않는 것을 숨김이라고 하며, 안색을 살피지 않고

■ 부모가 단점이나 잘못을 고치려고 하지는 않으면서 오히려 자신을 더 힘들게 할지라도 원망하지 말라는 뜻이다.

---

9 孟懿子問孝한대 子曰 無違니라 樊遲御러니 子告之曰 孟孫이 問孝於
  맹 의 자 문 효        자 왈 무 위      번 지 어      자 고 지 왈 맹 손    문 효 어
我어늘 我對曰 無違라호라 樊遲曰 何謂也잇고 子曰 生事之以禮하며
아        아 대 왈 무 위        번 지 왈 하 위 야        자 왈 생 사 지 이 례
死葬之以禮하며 祭之以禮니라.  제2 위정 5장
사 장 지 이 례    제 지 이 례

10 子曰 事父母호되 幾諫이니 見志不從하고 又敬不違하며 勞而不怨이니라.
   자 왈 사 부 모      기 간      견 지 부 종      우 경 불 위      노 이 불 원
제4 이인 18장

말하는 것을 장님이라고 한다."11

군자를 모시는 행동과 같이 부모를 모셔야 하는 것이다.

부모는 영원히 자식 곁에 있지 않으므로 항상 그 점을 염두에 두고 부모를 모셔야 한다. "부모의 연세를 항시 기억하지 않으면 안 된다. 한편으로는 기쁘고 한편으로는 두렵기 때문이다."12 부모가 장수하시는 것은 기쁘지만 한편으로는 기력이 쇠하여 언제 돌아가실지 모르기 때문에 두려운 것이다.

11  孔子曰 侍於君子에 有三愆하니 言未及之而言을 謂之躁요 言及之而
    공자왈 시어군자    유삼건    언미급지이언    위지조  언급지이
    不言을 謂之隱이요 未見顔色而言을 謂之瞽니라.  제16 계씨 6장
    불언  위지은    미견안색이언    위지고

12  子曰 父母之年은 不可不知也니 一則以喜요 一則以懼니라.  제4 이인 21장
    자왈 부모지년  불가부지야  일즉이희  일즉이구

# 삼년상은 천하의 공통된 상이다

 유학에서 중요하게 생각하는 것 중의 하나가 장례를 치르는 일과 제사를 지내는 일이다. 부모가 자식에게 베풀어준 사랑을 생각해 보면 부모가 죽었을 때 슬퍼하는 것은 당연하다. 효를 인간의 기본 도리라고 여기는 유학에서는 그 슬픔이 상을 치를 때 나타나는 것으로 여겼기 때문에 상 치르는 일을 큰 일로 생각했다. 예전에는 부모가 돌아가신 후 삼 년 동안 살아계신 듯이 모시고 탈상했다. 이는 부모가 자식을 낳아 키울 때 삼 년 동안 온갖 정성을 다하여 이 세상에 적응할 수 있도록 보살펴준 것에 대한 답례다.

 재아가 공자에게 말했다. "부모님의 삼년상은 너무 깁니다. 군자가 삼 년 동안 예를 행하지 않으면 예가 반드시 무너지고, 삼 년 동안 음악을 익히지 않으면 음악이 반드시 무너질 것입니다. 일 년이 지나면 묵은 곡식은 다 없어지고 햇곡식이

나오며, 불씨를 주는 나무들도 바뀌니 일 년만 하면 될 것 같습니다."

그 말을 듣고 공자가 물었다. "쌀밥을 먹고 비단옷을 입으니 네 마음이 편안하더냐?"

"편안합니다."

"네가 편안하거든 그렇게 하거라. 무릇 군자가 상을 치를 때 맛있는 것을 먹어도 맛이 없고, 음악을 들어도 즐겁지 않으며, 편안한 거처에 있어도 편하지 않으므로 그렇게 하지 않는 것이다. 그러나 네가 편안하다면 그렇게 하라."

재아가 밖으로 나가자 공자가 말했다. "여는 인하지 못하구나! 자식이 태어나서 삼 년이 지난 후에야 부모의 품에서 벗어난다. 삼년상은 천하의 공통된 상이거늘, 여도 진정으로 그 부모에게서 삼 년 동안 사랑을 받았겠지?"[13]

현대 사회에서 삼 년 동안 모든 일을 제쳐두고 돌아가신 부모를 생각하며 슬퍼할 수만은 없다. 그러나 삼 년 동안은 지나

---

13  宰我問 三年之喪이 期已久矣로소이다 君子 三年을 不爲禮면 禮必壞
    재 아 문  삼 년 지 상   기 이 구 의          군 자  삼 년    불 위 례    예 필 괴
하고 三年을 不爲樂이면 樂必崩하리니 舊穀이 旣沒하고 新穀이 旣升
       삼 년   불 위 악    악 필 붕       구 곡   기 몰        신 곡   기 승
하며 鑽燧改火하나니 期可已矣로소이다 子曰 食夫稻하며 衣夫錦이 於
     찬 수 개 화       기 가 이 의        자 왈  식 부 도      의 부 금   어
女에 安乎아 曰 安하니이다 女安則爲之하라 夫君子之居喪에 食旨
여    안 호  왈  안              여 안 즉 위 지       부 군 자 지 거 상     식 지
不甘하며 聞樂不樂하며 居處不安이라 故로 不爲也하나니 今女
불 감      문 악 불 락      거 처 불 안     고    불 위 야          금 여
安則爲之하라 宰我出이어늘 子曰 予之不仁也여 子生三年然後에 免
안 즉 위 지     재 아 출        자 왈  여 지 불 인 야   자 생 삼 년 연 후     면
於父母之懷하나니 夫三年之喪은 天下之通喪也니 予也有三年之愛於
어 부 모 지 회       부 삼 년 지 상   천 하 지 통 상 야   여 야 유 삼 년 지 애 어
其父母乎아.  제17 양화 21장
기 부 모 호

친 즐거움을 자제하고 부모를 기리는 시간을 갖는 것이 진정한 효이다.

또 부모가 생전에 뜻을 두었던 일은 큰 문제가 없다면 고치지 말아야 한다. "사람을 판단할 때 그 자식의 아버지가 살아계실 때는 그 자식의 속뜻을 살펴보고, 아버지가 돌아가신 후에는 그 자식의 행동을 살펴본다. 아버지가 돌아가신 후 삼 년 동안 아버지의 뜻을 고치지 않아야 효도라고 할 수 있다."14

제사는 부모가 돌아가신 날 음식을 차려놓고 부모를 그리워하는 마음을 표현하는 방식이다. 설날이나 추석 때 차례를 지내는 것도 명절을 돌아가신 부모와 함께 나누고 싶은 마음의 표현이다. 제사를 지내고 장례을 치르는 것은 귀신을 섬기는 것이 아니라, 자식이 돌아가신 부모에게 효를 행하는 모습이다.

유학은 엄격한 절차와 거창한 형식을 중요시하지 않았다. 다만 절차와 형식에 슬퍼하는 마음을 담는 것을 중요하게 여겼다.

---

14　子曰 父在에 觀其志요 父沒에 觀其行이니 三年을 無改於父之道라야
　　자 왈 부 재　　관 기 지　　부 몰　　관 기 행　　　삼 년　　무 개 어 부 지 도
可謂孝矣니라.　제1 학이 11장
가 위 효 의

유학은 귀신에 대해서 특별하게 다루지 않았다. "공자는 괴이한 일, 힘으로 하려고 하는 일, 정의를 어기고 사회질서를 어지럽게 하고, 모반과 귀신에 관해서는 말하지 않았다."15 춘추시대는 권력에 아첨하고, 힘 있는 자의 편에 서서 살아가는 것이 편하던 시절이었다. 이러한 시기에는 사후세계인 내세를 강조하여 사람들을 현혹하는 무리들이 성행하기도 했다. 하지만 공자는 권력과 밀착하지 않고 세상의 질서를 바로잡으려고 노력했으며, 귀신의 힘을 빌려 사람들을 현혹하는 것을 못마땅해했다. 계로가 귀신을 섬기는 방법을 묻자 공자가 말했다.

"사람도 제대로 섬기지 못하면서 어찌 귀신을 섬길 수 있겠느냐?"

"감히 죽음에 대해 여쭙겠습니다."

"삶을 제대로 모르는데 어찌 죽음을 알 수 있겠느냐?"16

제사를 지낼 때 절을 하는 것은 귀신에게 절하는 것이 아니라 조상에 대한 공경의 표현이다. 절을 하는 행위는 상대를 공경한다는 뜻이기 때문에 상황과 대상에 따라 하는 방법이 다

---

15  子는 不語怪力亂神이러시다. 제7 술이 20장
   자    불 어 괴 력 난 신

16  季路問事鬼神한대 子曰 未能事人이면 焉能事鬼리오 敢問死하노이다
   계 로 문 사 귀 신    자 왈  미 능 사 인    언 능 사 귀    감 문 사
   曰 未知生이면 焉知死리오. 제11 선진 11장
   왈  미 지 생    언 지 사

를 뿐이다. 조부모의 환갑잔치 때 술을 따라드리고 절을
두 번 한다. 오래 사신 날을 기뻐하면서 더욱 공경하겠다
는 의미다. 조상에게 절을 두 번 하는 것도 공경의 마
음을 더한 것이지 귀신이기 때문에 두 번 절하는 것
이 아니다.

망자에 대한
예의를 지켜야
사람 된 도리지

상을 치르거나 제사를 지내는 것은 부모를 섬기는
자식된 자의 도리다. 자하가 말했다.

"어진 사람을 존경할 때는 여색을 좋아하는 마음과
같이 하고, 부모를 섬길 때는 자신의 능력을 힘껏 다하고,
임금을 섬길 때는 자신의 몸을 다 바치고, 벗을 사귈 때는 말을
믿음 있게 하면, 비록 자신은 배운 게 없다고 말할지라도 나는
그 사람을 배운 사람이라고 말하겠다."[17]

이 문장에서 말하는 네 가지 실천은 부모를 섬길 때 반드시
지켜야 하는 것이고, 나아가서는 주변으로 확대해 실천해야
하는 것이다.

---

[17]  子夏曰 賢賢호되 易色하며 事父母호되 能竭其力하며 事君호되 能致
　　　자하왈 현현　　　역색　　　사부모　　　능갈기력　　　사군　　　능치
其身하며 與朋友交호되 言而有信이면 雖曰未學이라도 吾必謂之學矣
기신　　　여붕우교　　　언이유신　　　수왈미학　　　오필위지학의
라호리라.　제1 학이 7장

# 효를 행하는 사람은 윗사람을 해하지 않는다

효를 사람됨의 기준으로 삼는 것은 사랑하고 존경하는 마음의 가장 기본이기 때문이다. 예부터 효자 중에는 악한 사람이 없다고 했으며, 어떤 사람의 행실을 바로 알려면 그 사람이 부모에게 하는 행동을 보면 정확하게 알 수 있다고 했다. 부모는 자식을 무조건 사랑하고 자식은 그 은혜를 효로 갚는데, 이 세상에서 이해관계가 성립되지 않는 유일한 관계가 부모 자식 간이기 때문이다.

어떤 사람이 공자의 역량이 발휘되지 못하고 있음을 의아하게 생각했다. "선생님께서는 왜 정치를 하지 않으십니까?" 공자가 말했다. "《서경》*에 '효도하고, 형제간에 우애를 돈독히 하여 정치하는 데 반영하라'는 내용이 있다. 집안에서 효도를 하고, 우애 있게 지내는 것도 정치를 하는 것과 같은 것이다. 어찌 관직에 올라서만 정치를 한다고 할 수 있겠는가?"[18] 이처

■ 《서경》
유학의 오경 중 하나로, 공자가 하·은·주 삼대의 문서를 수집하여 지은 책이며 《상서》라고도 한다. 상서란 말은 상고上古의 책으로 받들어야 한다는 뜻이다. 중국에서 가장 오래된 경전이며 20권 58편으로 되어 있다.

럼 효는 가정을 화목하게 만드는 기본이며, 나라의 질서를 바로 잡는 밑바탕이다.

백성들이 자신을 공경하지 않고, 충성하지 않는 것에 불만을 가진 계강자▪가 물었다. "백성들이 윗사람을 공경하고, 충성하는 마음을 갖게 하고, 일을 열심히 하게 하려면 어떻게 하면 되겠습니까?" 공자가 말했다. "앞에 나설 때 위엄을 갖추고 일관성 있게 행동하면 백성들이 공경하고, 효와 사랑을 베풀면 백성들이 충성하고, 능력 있는 사람을 등용하고 능력이 모자란 사람을 교육시키면 백성들이 일을 열심히 하게 될 것입니다."[19]

유자도 효는 모든 일의 근본이라고 했다. "부모에게 효도하고 어른을 공경하는 자 중에 윗사람을 해하기를 좋아하는 사람은 드물다. 윗사람을 해하기를 좋아하지 않는데 분란을 일으키기를 좋아하는 사람은 없다. 군자는 근본에 힘쓰니, 근본이 확립되면 도가 생겨난다. 효와 공경은 인의 근본이다."[20]

효성이 지극한 사람은 윗사람을 공경하여 윗사람을 해치려

▪ 계강자

노나라에서 가장 권세 높았던 계손씨를 말한다. 이름은 비肥, 강康은 시호이다. 그의 아버지 계환자는 공자와 함께 노나라의 행정을 담당했다.

효성이 지극한 사람을 관직에 등용시키거라

나도 가서 효도해야지

---

18 或謂孔子曰 子는 奚不爲政이시닛고 子曰 書云孝乎인저 惟孝하며 友
   혹 위 공 자 왈   자   해 불 위 정       자 왈 서 운 효 호       유 효    우
   于兄弟하여 施於有政이라 하니 是亦爲政이니 奚其爲爲政이리오.  제2 위정 21장
   우 형 제     시 어 유 정       시 역 위 정     해 기 위 위 정

19 季康子問 使民敬忠以勸호되 如之何잇고 子曰 臨之以莊則敬하고 孝
   계 강 자 문 사 민 경 충 이 권   여 지 하     자 왈 임 지 이 장 즉 경    효
   慈則忠하고 舉善而教不能則勸이니라.  제2 위정 20장
   자 즉 충     거 선 이 교 불 능 즉 권

20 有子曰 其爲人也孝弟요 而好犯上者 鮮矣니 不好犯上이요 而好作
   유 자 왈 기 위 인 야 효 제   이 호 범 상 자 선 의   불 호 범 상     이 호 작
   亂者 未之有也니라 君子는 務本이니 本立而道生하나니 孝弟也者는
   란 자 미 지 유 야   군 자   무 본     본 립 이 도 생       효 제 야 자
   其爲仁之本與인저.  제1 학이 2장
   기 위 인 지 본 여

■ 자식이 죄를 지어 죗값을 치르는 모습을 부모가 보게 된다면 몹시 슬플 것이다. 혹은 죄인의 부모라는 지탄이 쏟아지면 부모에게는 씻을 수 없는 상처가 될 것이다.

하지 않으며, 성품이 온순하여 전쟁을 일으키거나 다른 사람을 해치지 않는다.

번지가 덕을 높이고 악한 마음을 다스리며, 미혹한 것을 분별하는 것에 대해 물어보자, 공자가 말했다.

"자신이 해야 할 일을 먼저 하고, 이득은 나중으로 미루려고 하는 것이 덕을 높이는 일이지 않겠느냐? 자신의 악함을 다스리고 남의 악함을 다스리지 않는 것이 악한 마음을 다스리는 것이지 않겠느냐? 하루아침의 분노로 자기 본연의 모습을 잃고 함부로 행동하여 그 화가 부모에게 미치는 것■이 바로 미혹함이다."21

효성이 지극한 사람은 어디서나 인정을 받는데, 공자는 민자건의 효행을 칭찬했다. "효자로구나, 민자건이여. 그의 부모와 형제가 그의 효행을 칭찬하는 말에 트집 잡는 사람이 없구나!"22

---

21  先事後得이 非崇德與아 攻其惡이요 無攻人之惡이 非修慝與 一朝之
    선 사 후 득      비 숭 덕 여      공 기 악          무 공 인 지 악        비 수 특 여    일 조 지
    忿으로 忘其身하여 以及其親이 非惑與아.   제12 안연 21장
    분      망 기 신        이 급 기 친    비 혹 여

22  子曰 孝哉라 閔子騫이여 人不間於其父母昆弟之言이로다.   제11 선진 4장
    자 왈 효 재    민 자 건      인 불 간 어 기 부 모 곤 제 지 언

# 효의 시작은 자신의 몸을 돌보는 것이다

  '부모가 죽으면 자식은 부모를 땅에 묻지만, 자식이 죽으면 부모는 자식을 가슴에 묻는다'는 말이 있다. 자식을 잃은 부모는 세상을 떠날 때까지 그 자식을 잊지 못하기 때문이다.

  공자가 광 땅에 머무를 때 목숨이 위태로웠는데, 이때 안연이 뒤처져 공자를 걱정하게 했으나 다행히 안연은 무사했다. 공자가 다시 만난 제자에게 "나는 네가 죽은 줄 알았다"고 말하자, 안연이 말했다. "선생님께서 살아계신데 제가 어떻게 감히 먼저 죽겠습니까?"[23]

  당시에는 스승과 제자의 관계가 부모 자식 관계만큼 아주 각별했다. 안연은 자신이 죽으면 스승이 슬퍼할 것을 생각해 안간힘을 다해 살아남은 것이다.

  자식된 자가 자신의 건강을 돌보아 아프지 않도록 하는 것도 효다. 부모는 자식이 아프면 노심초사하게 되니 말이다. 맹

무백이 효에 대해 묻자 공자가 말했다. "부모는 오직 자식이 병들까 근심하신다."24

효성이 지극한 증자가 병이 들어 죽음에 임박해지자 문하의 제자들을 불러놓고 말했다. "이불을 걷고 내 발과 손을 보아라. 《시경》에 '두려워하고 경계하기를 깊은 연못가에 서 있는 것처럼 하고, 살얼음을 밟는 것처럼 하라'고 했는데, 나는 이제 부모에게서 물려받은 몸이 훼손되는 근심에서 벗어나게 된 것 같구나. 제자들아!"25 효의 시작은 자신의 몸을 건강하게 돌보는 것이다.

또 효의 가장 기본은 부모가 근심하지 않도록 행동하는 것이다. "부모가 살아계실 때는 먼 곳으로 놀러가서는 안 되며, 놀러갈 때는 반드시 가는 곳을 말해두어야 한다."26 요즘은 대부분 휴대전화가 있어 연락하기 쉽다. 부모의 간섭이 싫어서 전화를 받지 않는 일도 있는데, 그러기보다는 자신의 행방을 정확히 알려 부모의 근심을 덜어드

23  子畏於匡하실새 顔淵이 後러니 子曰 吾以女爲死矣로라 曰 子在
    자 외 어 광      안 연    후      자 왈 오 이 여 위 사 의      왈 자 재
    어시니 回何敢死리잇고.  제11 선진 22장
         회 하 감 사

24  孟武伯이 問孝한대 子曰 父母는 唯其疾之憂시니라.  제2 위정 6장
    맹 무 백   문 효      자 왈 부 모   유 기 질 지 우

25  曾子有疾하사 召門弟子曰 啓予足하며 啓予手하라 詩云 戰戰兢兢하여
    증 자 유 질   소 문 제 자 왈 계 여 족   계 여 수   시 운 전 전 긍 긍
    如臨深淵하며 如履薄氷이라 하니 而今而後에야 吾知免夫로라 小子아.
    여 임 신 연   여 이 박 빙      이 금 이 후   오 지 면 부   소 자

    제8 태백 3장

26  子曰 父母在어시든 不遠遊하며 遊必有方이니라.  제4 이인 19장
    자 왈 부 모 재      불 원 유   유 필 유 방

려야 한다. 이것이 효의 시작이다.

　형제간에 우애 있게 지내는 것 또한 효도의 방법 중 하나다. 부모가 이 세상을 떠나면 의지할 데는 형제자매밖에 없기 때문이다. 부모가 형제자매 간에 아끼고 보살피는 모습을 보고 흐뭇해하는 건 그 때문이다.

　자하가 효에 관해서 물었다. "근심스러운 일이 있을 때 자식이 부모에게 얼굴빛을 온화하게 하는 것은 어려운 일이다. 집안에 일이 생겼을 때 자식이 부모의 수고로움을 대신하고, 술과 밥이 생기면 부모님께 잡수시게 하는 것만으로 효자라고 할 수 있겠는가?"[27]

　자유가 효에 대해 물었다. "지금의 효는 부모를 물질적으로 봉양하는 것을 말하는데, 개나 말도 물질적으로 기를 수 있으니 공경하는 마음이 없다면 부모님을 봉양하는 것이나 개나 말을 기르는 것이 무슨 차이가 있겠는가?"[28]

　부모에게 효를 행한다는 것은 아프면 병원에 모시고 가고, 드시고 싶어 하는 음식을 사드리는 물질적인 것이 아니라 마

難 어려울 난
饌 반찬 찬
養 기를 양

---

27　子夏問孝한대　子曰　色難이니　有事어든　弟子服其勞하고　有酒食어든
　　자 하 문 효　　　자 왈 색 난　　유 사　　제 자 복 기 로　　유 주 식
　　先生饌이　曾是以爲孝乎아.　제2 위정 8장
　　선 생 찬　증 시 이 위 효 호

28　子游問孝한대　子曰　今之孝者는　是謂能養이니　至於犬馬하여도　皆能有
　　자 유 문 효　　　자 왈 금 지 효 자　시 위 능 양　　지 어 견 마　　　개 능 유
　　養이니　不敬이면　何以別乎리오.　제2 위정 7장
　　양　　불 경　　하 이 별 호

음으로 행해야 한다는 뜻이다.

공자가 말했다. "'예다, 예다'라고 하지만 어찌 예가 옥과 비단을 드리는 것만을 말하는 것이겠는가? '음악이다, 음악이다'라고 하는 것이 어찌 종과 북을 치는 것만을 말하는 것이겠는가?"[29] 효는 부모님을 물질적으로 풍족하게 해드리고 즐겁게만 해드리는 것이 아니다. 진정한 효는 부모님이 베풀어준 무조건적인 사랑에 공경하는 마음으로 보답하는 것이고, 부모가 근심하지 않도록 하는 것이다.

---

29  子曰 禮云禮云이나 玉帛云乎哉아 樂云樂云이나 鍾鼓云乎哉아.
    자 왈  예 운 예 운    옥 백 운 호 재  악 운 악 운    종 고 운 호 재
    제17 양화 11장

**재아**(宰我, 기원전 522~?)

노나라 사람으로 성은 재(宰), 이름은 여(予), 자는 자아(子我)인데 재아로 칭하기도
한다. 자공과 함께 변론의 달인으로 평가받았으며, 공자의 문하 제자들 가운데서도
가장 실리주의적인 인물로 그려지지만 도덕을 가볍게 여겨 예와 도덕을 중시한
공자로부터 자주 꾸지람을 들었다.

論語

# 제6장

# 친구를 말하다

진심으로 충고하되 스스로 욕되게 하지 마라

공자는 자기 자신에게서 잘못을 찾는다

사람의 허물은 자신이 속한 무리에 따라 다르게 나타난다

세 사람 중에 반드시 스승이 될 만한 사람이 있다

군자는 무리와 어울려도 파벌을 만들지 않는다

"군자는 남의 장점을 자라게 해주고
남의 단점을 자라지 못하게 하지만,
소인은 이와 반대다."

"군자는 말이 행동보다 앞서는 것을 부끄러워하여 조심하고
행동은 말한 것보다 많이 한다."

# 진심으로 충고하되 스스로 욕되게 하지 마라

  가족 간 사랑의 근본이 효라면, 친구 간 우정의 바탕은 신의
다. 상하관계인 가족 안에서 효를 행하고, 수평관계인 친구 간
에 신의를 지킨다면 인간관계가 원만할 것이다. 수평관계에서
는 굳게 믿고 의지하는 신뢰가 바탕이 되어야 한다. 친구는 가
족처럼 혈연관계가 아니므로 굳은 믿음이 없으면 서로 의지하
기 어렵기 때문이다.

  "맹지반■은 자신의 공로를 자랑하지 않았다. 전쟁에서 퇴각
할 때 가장 뒤에서 오다가 성문에 도착할 때쯤 말에 채찍질을
하면서 '내가 뒤에 남으려고 했던 것이 아니라 내 말이 빨리
달리지 않았다'라고 말했다."[1] 맹지반의 행동과 말은 겸손한
데다 굳은 믿음을 준다. 여기에 의리까지 겸비하게 되면 상대
방에게 신뢰를 주게 된다. 의리가 없는 믿음은 옳고 그름을 분
별하지 못하고 맹목적으로 믿어버리는 맹신이다.

■ **맹지반**
노나라의 대부로 성은 맹孟,
자는 지반之反, 이름은 지측之
側이다. 《춘추좌씨전》에 애공
11년, 노나라 군대가 제나라
의 군대에 패하여 퇴각할 때
위와 같은 사실이 있었다는
기록이 있다. 《춘추좌씨전》은
노나라의 좌구명이 공자가 쓴
《춘추》를 해설한 책이다. 30
권으로 되어 있다.

유자는 "약속한 것이 의리에 가까우면 그 약속한 말을 실천할 수 있으며, 공손함이 예에 가까우면 치욕을 멀리할 수 있으며, 의지할 때도 친분을 잃지 않으면 오래도록 받들어 모실 수 있다"[2]고 말했다. 돈독한 우정을 나눌 만한 친구를 사귀기 위해서는 항상 믿음을 주는 성실한 자세로 친구를 대해야 한다. 친구 사이에서 어느 한쪽만 신의가 있으면 우정은 만들어지지 않는다.

신의가 있는 우정은 서로를 발전시켜 주는데 공자는 이러한 관계를 군자와 소인에 빗대어 말했다. "군자는 남의 장점을 자라게 해주고 남의 단점을 자라지 못하게 하지만, 소인은 이와 반대다."[3]

막역한 친구 사이일지라도 사소한 일로 관계가 멀어질 때가 있다. 어느 한쪽의 잘못이 아니라 신뢰감을 잃은 양쪽의 책임이다. 친구 사이에 충고와 조언을 할 때 바르게 해야 한다. 자공이 교우에 대하여 묻자, 공자는 친구에게 조언하는 방법에 대해 말했다. "진심으로 충고하여 잘 인도하되, 그것이 불가

---

1   子曰 孟之反은 不伐이로다 奔而殿하여 將入門할새 策其馬曰 非敢後
    자 왈 맹 지 반     불 벌       분 이 전      장 입 문        책 기 마 왈 비 감 후
    也라 馬不進也라 하니라.        제6 옹아 13장
    야     마 부 진 야

2   有子曰 信近於義면 言可復也며 恭近於禮면 遠恥辱也며 因不失其親
    유 자 왈 신 근 어 의     언 가 복 야     공 근 어 례     원 치 욕 야      인 불 실 기 친
    이면 亦可宗也니라.     제1 학이 13장
         역 가 종 야

3   子曰 君子는 成人之美하고 不成人之惡하나니 小人은 反是니라.   제12 안연 16장
    자 왈 군 자     성 인 지 미       불 성 인 지 악          소 인      반 시

능하면 그만두어 스스로 욕되게 하지 마라."[4]

　친구에게 조언을 할 때 진심으로 말해야 하지만, 지나친 참견으로 받아들일 수 있으므로 관계가 멀어질 것 같으면 그만두어야 한다. 조언을 받아들여 실천하는 일은 친구의 몫이다.

　"만일 주공의 재주와 같은 장점이 있다고 하더라도, 교만하고 인색하다면 그 나머지는 볼 것이 없다."[5] 친구를 대할 때는 교만하거나 인색해서는 안 되며, 말만 잘해서는 유능한 친구가 되지 못한다. "덕이 있는 사람은 반드시 옳은 말을 하지만, 옳은 말을 한다고 반드시 덕이 있는 사람은 아니다. 인한 사람은 반드시 용기가 있지만 용기 있는 행동을 한다고 해서 반드시 인한 사람은 아니다."[6]

　아무리 돈독한 우정을 자랑하는 친구라고 할지라도 사사로움에 얽매이지 않고 의로운 마음으로 우정을 나눌 수 있는 사람이 되어야 하며, 그런 친구를 사귀어야 한다. 증자는 그러한 친구가 있었는데, 그 친구에 대해 말했다. "내게는 유능하면서도 무능한 사람에게 물어보고, 학식이 풍부하면서도 지식이

辱 욕되게 할 욕
驕 교만할 교

---

4　子貢이 問友한대 子曰 忠告而善道之호되 不可則止하여 無自辱焉
　　자 공　문 우　　　자 왈　충 고 이 선 도 지　　　불 가 즉 지　　　무 자 욕 언
　　이니라.　제12 안연 23장

5　子曰 如有周公之才之美라도 使驕且吝이면 其餘는 不足觀也已니라.
　　자 왈 여 유 주 공 지 재 지 미　　　사 교 차 인　　 기 여　 부 족 관 야 이
　　제8 태백 11장

6　子曰 有德者는 必有言이어니와 有言者는 不必有德이니라 仁者는 必
　　자 왈 유 덕 자　 필 유 언　　　 유 언 자　 불 필 유 덕　　 인 자　 필
　　有勇이어니와 勇者는 不必有仁이니라.　제14 헌문 5장
　　유 용　　　 용 자　 불 필 유 인

짧은 사람에게 물어보고, 실력이 있으면서도 없는 것처럼 하고, 가득 차 있으면서도 비어 있는 것처럼 하며, 다른 사람이 자신에게 잘못을 범해도 따지지 않는 벗이 있었다. 내 벗■은 이렇게 행동했다."[7] 이러한 사람은 신뢰를 받기 마련인데, 누구나 추구하는 행동이기 때문이다.

"군자는 정도를 따르고 작은 신의에 얽매이지 않는다."[8] 작은 신의란 친구 간에 의리라는 명목하에 집단행동을 서슴지 않으며, 친구가 잘못한 것을 알면서도 감싸주는 행동 등을 말한다. 겉으로는 우정으로 보일지는 몰라도 그러한 행동은 친구에게 득이 되지 않는다.

7  曾子曰 以能으로 問於不能하며 以多로 問於寡하며 有若無하며 實若虛
   증 자 왈 이 능      문 어 불 능      이 다    문 어 과      유 약 무        실 약 허
하며 犯而不校를 昔者에 吾友嘗從事於斯矣러니라.  제8 태백 5장
    범 이 불 교   석 자   오 우 상 종 사 어 사 의

8  子曰 君子는 貞而不諒이니라.  제15 위령공 36장
   자 왈 군 자    정 이 불 량

# 공자는 자기 자신에게서 잘못을 찾는다

"군자는 자기 자신에게서 잘못을 찾고, 소인은 남에게서 잘
못을 찾는다."⁹ "남이 나를 알아주지 않음을 걱정하지 말고,
자신의 능력 없음을 걱정해야 한다."¹⁰ 공자는 자신이 먼저 이
러한 마음가짐으로 친구를 대하면 두터운 우정을 맺을 수 있
다고 했다.

친구를 원망하기에 앞서 자신의 잘못을 스스로 반성한다면
친구도 역시 스스로 잘못된 점을 찾아 반성하게 될 것이라고
말했다. "스스로 자책하기를 많이 하고, 남을 책망하기를 적
게 한다면 원망이 멀어질 것이다."¹¹ "합리적으로 절제하면서
실패한 사람은 드물다."¹² 좋은 친구가 되기 위해서는 공자의
말처럼 합리적인 사람이 되어야 한다.

"공자는 상을 당한 사람의 곁에서는 음식을 배부르게 먹지
않았고 곡을 한 날에는 노래를 부르지 않았다."¹³ 친구가 슬픈

만두 맛 좋다 음냐 음냐

여긴 상갓집이야 조용해!

일이 있을 때 진심으로 같이 슬퍼해주고 자신이 슬픈 일을 당한 것처럼 행동하는 친구가 좋은 친구다.

자신의 외적 환경이 좋더라도 그것을 자랑하거나 이용하여 친구를 사귀어서는 안 되고, 자신보다 좋은 환경의 친구를 원망해서는 안 된다. "가난하면서 원망하지 않는 것은 어려운 일이지만, 부유하면서 교만하지 않기는 쉽다."14 "군자는 태연하되 교만하지 않고, 소인은 교만하되 태연하지 못하다."15

먼저 의리에 맞는 행동을 하고 진심을 다하는 사람이 되도록 노력하다 보면 친구가 되려는 사람이 멀리에서도 찾아오게 될 것이다. 공자는 그러한 친구의 사람됨에 대해 말했다. "나는 덕을 좋아하기를 여색을 좋아하는 것과 같이하는 사람을 보지 못했다."16 "군자는 말이 행동보다 앞서는 것을 부끄러워하여 조심하고 행동은 말한 것보다 많이 한다."17

자장이 자신의 뜻이 세상에 받아들여지는 방법에 대해 묻자, 공자는 역시 사람됨이 먼저 이루어져야 한다고 말했다.

"말이 진실하고 믿음직하며, 행동이 독실하고 공경스러우면

---

9    子曰 君子는 求諸己요 小人은 求諸人이니라. 제15 위령공 20장
     자 왈 군 자    구 저 기    소 인    구 저 인

10   子曰 不患人之不己知요 患其不能也니라. 제14 헌문 32장
     자 왈 불 환 인 지 불 기 지    환 기 불 능 야

11   子曰 躬自厚而薄責於人이면 則遠怨矣니라. 제15 위령공 14장
     자 왈 궁 자 후 이 박 책 어 인    즉 원 원 의

12   子曰 以約失之者 鮮矣니라. 제4 이인 23장
     자 왈 이 약 실 지 자 선 의

13   子食於有喪者之側에 未嘗飽也러시다 子於是日에 哭則不歌러시다.
     자 식 어 유 상 자 지 측    미 상 포 야    자 어 시 일    곡 즉 불 가

     제7 술이 9장

오랑캐 나라에서도 통할 수 있다. 말이 진실하지 못하고 믿음 직하지 못하며 행동이 독실하지 못하고 공경스럽지 못하면, 자신이 사는 나라에서라도 받아들여지겠는가? 이러한 말과 행동이 서 있을 때는 바로 눈 앞에 보이고, 수레에 앉아 있을 때는 멍에에 기대 있는 것처럼 보이면 그 뒤에 통달하게 되는 것이다.”18

　이러한 사람됨을 지니면 사사로운 감정을 갖지 않고 친구의 잘못을 지적할 수 있고, 친구를 칭찬해줄 수 있다. 그러나 자유는 자주 친구의 잘못을 지적하고 충고하는 것을 말렸다. “임금을 섬길 때 자주 간하면 치욕을 당하고 친구 사이에 자주 충고하면 멀어지게 된다.”19

　좋은 뜻으로 하는 행동이나 말도 항상 중용을 염두에 두고 해야 한다는 것을 잊지 말아야 한다. 공자도 말을 해야 할 때와 하지 말아야 할 때에 대해서 말했다. “반드시 더불어 말을 해야 할 상황에서 말하지 않으면 사람을 잃게 되고, 반드시 더불어 말을 하지 말아야 할 때 말을 하면 말을 잃게 되는 것이

---

14　子曰 貧而無怨은 難하고 富而無驕는 易하니라.　제14 헌문 11장
　　자 왈 빈 이 무 원　난　　부 이 무 교　이

15　子曰 君子는 泰而不驕하고 小人은 驕而不泰니라.　제13 자로 26장
　　자 왈 군 자　태 이 불 교　　소 인　교 이 불 태

16　子曰 吾未見好德을 如好色者也로라.　제9 자한 17장
　　자 왈 오 미 견 호 덕　여 호 색 자 야

17　子曰 君子는 恥其言而過其行이니라.　제14 헌문 29장
　　자 왈 군 자　치 기 언 이 과 기 행

다. 지혜로운 사람은 사람도 잃지 않고, 말도 잃지 않는다.”[20]

　우정과 관련한 유명한 고사성어가 있는데, 관중과 포숙의 사
귐이란 뜻의 관포지교다. 제나라에 관중과 포숙이라는 친구가
있었다. 포숙은 돈을 마련하고 관중은 경영을 담당하기로 하
고 동업을 했으나, 관중이 이익금을 독차지했다. 포숙은 '관중
의 집안이 가난한 탓'이라고 말하면서 너그럽게 이해했다.

　둘이서 함께 전쟁에 나갔는데 관중이 세 번이나 도망쳤다.
이번에도 포숙은 그를 비겁자라 생각하지 않고 '그에게는 늙
으신 어머님이 계시기 때문이다'라고 말하며 그를 위해 변명
해주었다.

우리 우정
영원하자!

　세월이 흘러서 제나라 제후 환공이 즉위할 무렵, 관중은 환
공의 형 規糾의 편에 섰다가 패전하여 노나라로 망명했다. 그
러나 관중은 포숙의 도움으로 환공의 신하가 되어 국정에 참
여하게 되었다.

　일찍이 관중도 포숙에 대해 “나를 낳은 것은 부모이지만 나
를 아는 것은 포숙이다生我者父母 知我者鮑子也”고 말했다.《사

---

18　子張이 問行한대 子曰 言忠信하며 行篤敬이면 雖蠻貊之邦이라도 行矣
　　자장　문행　　　자왈 언충신　　　행독경　　　　수만맥지방　　　　　　행의
어니와 言不忠信하며 行不篤敬이면 雖州里나 行乎哉아 立則見其參於
　　　　언불충신　　　행불독경　　　　수주리　　행호재　　입즉견기참어
前也요 在輿則見其倚於衡也니 夫然後에 行이니라.　제15 위령공 5장
전야　재여즉견기의어형야　부연후　　행

19　子游曰 事君數이면 斯辱矣요 朋友數이면 斯疏矣니라.　제4 이인 26장
　　자유왈 사군삭　　사욕의　　붕우삭　　사소의

20　子曰 可與言而不與之言이면 失人이요 不可與言而與之言이면 失言이니
　　자왈 가여언이불여지언　　실인　　불가여언이여지언　　실언
知者는 不失人하며 亦不失言이니라.　제15 위령공 7장
지자　불실인　　역불실언

기》〈관안열전〉에 나오는 말이다. 포숙은 관중을 이해하고 믿었을 뿐만 아니라 그 믿음을 기반으로 우정을 끝까지 간직한 사람이었다.

공자는 관중과 포숙처럼 두터운 신뢰감으로 친구를 사귀는 것이 진정한 우정이라고 했다. 아울러 안평중이 친구를 대하는 자세를 칭찬했다. "안평중*은 남과 사귀는 것을 잘한다. 사귄 지 오래되어도 변하지 않고 공경한다."21

■ 안평중
성은 안晏, 이름은 영嬰, 자는 평중平仲이다. 제나라 대부로 영공과 장공을 섬기고, 경공 때에는 재상이 되어 제나라를 부강하게 했다. 춘추시대 때 뛰어난 정치가 중 한 사람이다. 검소한 생활을 실천했으며, 유가의 번거롭고 형식적인 면을 비판하기도 했다.

21　子曰 晏平仲은 善與人交로다 久而敬之온여.　제5 공야장 16장
　　자 왈 안 평 중　 선 여 인 교　　 구 이 경 지

# 사람의 허물은 자신이 속한 무리에 따라 다르게 나타난다

■ 소홀
제나라의 대부. 제나라 양공
襄公이 무도하여 포숙은 공자
소백을 받들어 거나라로, 소
홀은 관중과 함께 공자 규를
받들어 노나라로 망명했다.
소백은 제나라로 먼저 입성해
정권을 차지함으로써 규와의
싸움에서 승리를 거두었다.
규는 죽임을 당했고, 관중과
소홀은 제나라로 압송당했다.
이때 소홀은 그곳에서 죽고
관중은 압송되어 포숙의 도움
으로 제나라의 재상이 되었
다. 춘추시대 때 이름을 날렸
던 제환공이 바로 소백이다.

제나라 환공이 자신의 반대 세력인 관중을 재상으로 등용한 것은 큰 모험이었다. 관중의 재능이 탐나기도 했겠지만, 그가 자신을 배반할 수도 있는 위험을 무릅쓴 것이다. 환공이 관중을 등용한 까닭은 포숙의 신의 때문이었다. 다시 말하면 환공은 포숙을 보고 친구인 관중을 판단한 것이다.

자로와 자공이 절개를 지켜 섬기던 군주를 따라 죽지 않은 관중이 지조가 없다고 말하자 공자는 그들의 무지함을 깨우쳐 주었다. 자로가 말했다.

"환공이 공자 규를 죽이자 소홀*은 따라 죽었고 관중은 죽지 않았습니다. 그러니 관중은 인하다고 할 수 없습니다."

"환공이 제후들을 규합했으나 무력을 쓰지 않은 것은 관중의 힘이었다. 누가 그의 인자함을 따라갈 수 있겠느냐?"22

자공이 말했다.

"관중은 인한 사람이 아닌 것 같습니다. 환공이 공자 규를 죽였는데 신하된 도리로 죽지도 않고 오히려 환공을 도와주었습니다."

"환공이 제후들 중에서 패자覇者가 된 것은 관중이 도왔기 때문이다. 그 덕에 천하가 바로 서고, 백성들이 지금까지 그 혜택을 받고 있는 것이다. 관중이 없었다면 우리는 머리를 풀고 옷깃을 왼쪽으로 여미는 오랑캐가 되었을 뻔했다. 어찌 보통 사람들이 사소한 신의를 지키기 위해 스스로 개천에서 목매어 죽어, 그 시신이 개천에 굴러도 알아주는 사람이 없게 하는 것과 같겠느냐?"[23]

사람은 비슷한 무리끼리 어울리게 마련인데, 이를 유유상종이라고 한다. 어떤 사람을 판단할 때 그 주변 사람을 살피고, 그 사람을 판단하는 것은 그 때문이다.

"사람의 허물은 자신이 속한 무리에 따라 다르게 나타난다. 그래서 어떤 사람의 허물을 관찰하면 그 사람이 인한 사람인

---

22 子路曰 桓公이 殺公子糾어늘 召忽은 死之하고 管仲은 不死하니 曰
　　자로왈 환공　　살공자규　　소홀　사지　　관중　불사　왈
未仁乎인저 子曰 桓公이 九合諸侯호되 不以兵車는 管仲之力이니
미인호　　자왈 환공　구합제후　　불이병차　관중지력야
如其仁 如其仁이리오.　제14 헌문 17장
여기인 여기인

23 子貢曰 管仲은 非仁者與인저 桓公이 殺公子糾어늘 不能死요 又相
　　자공왈 관중　비인자여　　환공　살공자규　　불능사　우상
之온여 子曰 管仲이 相桓公覇者侯하여 一匡天下하니 民到于今히 受
지　　자왈 관중　상환공패자후　　일광천하　민도우금　수
其賜하나니 微管仲이면 吾其被髮左袵矣러니라 豈若匹夫匹婦之爲諒
기사　　미관중　오기피발좌임의　기약필부필부지위량
也하여 自經於溝瀆而莫之知也리오.　제14 헌문 18장
야　자경어구독이막지지야

지 아닌지를 알 수 있다."24

부모가 자식이 어떤 친구를 사귀는지에 대해 관심을 갖는 것 또한 이 때문이고, '친구 따라 강남 간다' '친구를 잘 사귀어야 한다'는 말도 그 때문에 생기게 된 것이다.

공자는 "추구하는 도가 같지 않으면 같이 일을 꾀하지 말아야 한다"25고 말했다. 도가 같지 않다는 것은 선과 악, 옳고 그름에 대한 것이 같지 않다는 것이다. 또 "자기보다 못한 사람을 친구로 삼지 말아야 한다"26고 말했다. 이는 재산과 명예와 능력 등을 말하는 것이 아니라 성실하지 않고, 의리에 맞지 않는 사람을 말하는 것이다.

24  子曰 人之過也 各於其黨이니 觀過면 斯知仁矣니라.  제4 이인 7장
     자 왈 인 지 과 야  각 어 기 당      관 과      사 지 인 의

25  子曰 道不同이면 不相爲謀니라.  제15 위령공 39장
     자 왈 도 부 동       불 상 위 모

26  無友不如己者라.  제1 학이 8장, 제9 자한 24장
     무 우 불 여 기 자

# 세 사람 중에 반드시 스승이 될 만한 사람이 있다

유익한 벗이란 물질적 이로움을 주는 친구가 아니라, 부족하고 잘못된 점을 알게 하여 개선할 수 있도록 도와주는 친구를 말한다. "세 사람이 길을 걸어갈 때 그중에 반드시 나에게 스승이 될 만한 사람이 있으니, 선한 사람을 선택하여 좋은 점을 따르고 선하지 못한 사람의 단점을 보고 자신을 반성해야 한다."[27] 단점만 있는 사람은 없듯이 사람은 누구나 장점이 있다. 상대방이 가지고 있는 장점을 선별하여 배울 수만 있다면 누구나 유익한 벗이 될 수 있다.

"세 가지 유형의 유익한 친구와 세 가지 유형의 해가 되는 친구가 있다. 정직하고 성실하며 견문이 넓은 친구가 유익한 친구이며, 겉으로만 잘하려고 하고 아첨하기를 좋아하며 말만 잘하는 친구는 해로운 친구다."[28] 정직한 친구는 옳고 그른 것을 잘 판단하는 친구를 말하고, 성실한 친구는 신뢰를 주는 친

세 사람이 길을 걸어가면 그중에 스승이 있다며?

그게 내가 아닐까?

구이며, 견문이 넓은 친구는 보고 들은 것이 많아 내가 알지 못하는 것을 가르쳐 줄 수 있는 친구를 말한다. 혹은 견문이 넓지 않더라도 내가 모르거나 잘하지 못하는 일을 잘하는 친구라면 그것으로 충분하다.

사람은 장단점이 있기 마련이고, 잘하는 것이 있으면 못하는 것도 있다. 단점이나 부족한 점만 보고 그 사람을 판단하여 멀리하는 것은 옳지 못한 일이다. 그러나 그와 상관없이 욕심이 지나치고, 의리에 맞지 않는 사람은 멀리해야 한다. 자하의 문하에 있는 사람이 자장에게 벗을 사귀는 것을 묻자, 자장이 물었다.

"자하가 무엇이라고 하더냐?"

"사귈 만하다고 생각되는 사람은 사귀고, 사귀지 말아야 한다고 생각되는 사람은 사귀지 말라고 하셨습니다."

"내가 들은 것과는 다르구나. 군자는 어진 사람을 존경하고, 대중을 포용하며, 잘하는 사람을 아름답게 여기고, 능력이 없는 사람을 불쌍하게 생각한다. 내가 크게 어진 사람이라면 누

27 子曰 三人行에 必有我師焉이니 擇其善者而從之요 其不善者而改之니라.
　　자 왈 삼 인 행　　필 유 아 사 언　　　택 기 선 자 이 종 지　　기 불 선 자 이 개 지
제7 술이 21장

28 孔子曰 益者三友요 損者三友니 友直하며 友諒하며 友多聞이면 益矣요
　　공 자 왈 익 자 삼 우　　손 자 삼 우　우 직　　　우 량　　　우 다 문　　　익 의
友便辟하며 友善柔하며 友便佞이면 損矣니라.　　제16 계씨 4장
우 편 벽　　　우 선 유　　　우 편 녕　　　손 의

구를 용납하고 용납하지 못하겠는가? 내가 어질지 못하면 남이 곧 나를 거절할 것이니 어찌 남을 거절하겠는가?"[29]

내게 이득이 될 만한 사람을 골라 사귀는 것은 벗을 사귀는 게 아니다. 그런 마음으로 벗을 사귀면 다른 사람이 나와 친구되기를 거절할 것이다.

"강직하고 의연하고 수수하고 어눌한 것은 인에 가깝다."[30] "선비로서 편안하기를 생각하면 선비라고 할 수 없다."[31] 유익한 벗은 말만 잘하는 사람이 아니라 마음이 강직하고, 게으르지 않고 향락에 빠지지 않는 사람이다. 또 욕심이 없고 의로운 일에 목숨을 바칠 수 있는 용기를 지닌 사람이다.

자로가 인을 이룬 사람에 대해 묻자, 공자가 말했다. "장무중*의 지혜와 맹공작의 욕심 없는 마음과 대부 변장자*의 용맹과 염구의 재능에 예악을 보태 그러한 것들이 발휘된다면 완성된 사람이라고 할 수 있다. 그러나 오늘날 말하는 인을 이룬 사람이 반드시 그런 사람이겠는가? 이익을 보고 의리를 생각하며, 위태로운 것을 보고 자신의 목숨을 바치며, 오래된 약

■ **장무중**
노나라의 대부 장손흘. 제나라 임금이 그에게 땅을 주려고 했는데, 그는 진晉나라가 제나라를 이길 것을 간파하고 꾀를 냈다. 제나라 임금을 쥐에 비유하여 화를 내게 하여 그 땅을 받지 않았다. 장문중의 손자이다.

■ **변장자**
노나라 변읍의 대부. 어머니가 살아계실 때 전쟁에 나가 세 번 도망했으나, 어머니가 돌아가신 후 삼년상을 치르고 나서는 전쟁에 나가 적의 목을 세 번 베어 세 번 도망했던 것을 사죄했다. 그리고 다시 돌격하여 일곱 명의 적을 죽이고 전사했다는 기록이 있다.

29 子夏之門人이 問交於子張한대 子張曰 子夏云何오 對曰 子夏曰 可者를
   자 하 지 문 인      문 교 어 자 장      자 장 왈 사 하 운 하      대 왈 자 하 왈 가 자
   與之하고 其不可者를 拒之라 하더이다 子張曰 異乎吾所聞이로다 君子는
   여 지      기 불 가 자   거 지            자 장 왈 이 호 오 소 문        군 자
   尊賢而容眾하며 嘉善而矜不能이니 我之大賢與인댄 於人에 何所不容
   존 현 이 용 중      가 선 이 긍 불 능      아 지 대 현 여      어 인   하 소 불 용
   이며 我之不賢與인댄 人將拒我니 如之何其拒人也리오. 제19 자장 3장
       아 지 불 현 여      인 장 거 아   여 지 하 기 거 인 야

30 子曰 剛毅木訥이 近仁이니라. 제13 자로 27장
   자 왈 강 의 목 눌   근 인

31 子曰 士而懷居면 不足以爲士矣니라. 제14 헌문 3장
   자 왈 사 이 회 거   부 족 이 위 사 의

속을 잊지 않는다면, 이러한 사람이 바로 인을 이룬 사람이라고 할 수 있다."[32] 이러한 사람이 중용을 지키고 권도를 행한다면 벗 중에 최고의 벗이다.

"나라에 도가 있을 때는 말과 행동을 모두 알 수 있도록 높게 하고, 나라에 도가 없을 때는 행동은 높게 하되 말은 공손하게 해야 한다."[33] 현명한 사람은 자신이 해야 할 일을 항상 준비하며 사람을 대할 줄 아는 사람이다.

자공이 인을 행하는 것에 대하여 묻자, 공자가 말했다. "물건을 만드는 공인이 일을 잘하려면 반드시 자신의 연장을 예리하게 만들어야 하는 것처럼 어떤 나라에 살 때 그 나라의 대부 중에서 현명한 사람을 받들고, 선비 중에서는 인자한 사람을 벗으로 삼아야 한다."[34]

친구를 사귈 때 친구의 장점과 남들보다 뛰어난 능력을 배우고, 단점과 모자란 부분은 이끌어주는 것이 참다운 우정이다.

---

32 子路問成人한대 子曰 若臧武仲之知와 公綽之不欲과 卞莊子之勇
자 로 문 성 인      자 왈 약 장 무 중 지 지      공 작 지 불 욕      변 장 자 지 용
과 冉求之藝에 文之以禮樂이면 亦可以爲成人矣니라 曰 今之成人者는
   염 구 지 예      문 지 이 례 악        역 가 이 위 성 인 의      왈 금 지 성 인 자
何必然이리오 見利思義하며 見危授命하며 久要에 不忘平生之言이면
하 필 연        견 리 사 의      견 위 수 명      구 요      불 망 평 생 지 언
亦可以爲成人矣니라.  제14 헌문 13장
역 가 이 위 성 인 의

33 子曰 邦有道엔 危言危行하고 邦無道엔 危行言孫이니라.  제14 헌문 4장
자 왈 방 유 도      위 언 위 행      방 무 도      위 행 언 손

34 子貢이 問爲仁한대 子曰 工欲善其事인댄 必先利其器니 居是邦也하여
자 공      문 위 인      자 왈 공 욕 선 기 사      필 선 리 기 기      거 시 방 야
事其大夫之賢者하며 友其士之仁者니라.  제15 위령공 9장
사 기 대 부 지 현 자      우 기 사 지 인 자

# 군자는 무리와 어울려도 파벌을 만들지 않는다

어릴 적부터 함께 자라온 친구를 죽마고우라고 하는데, 몇 명이냐에 따라 삼총사, 사총사라고도 부른다. 이는 강한 우정을 과시하는 표현이다. 어떤 모임, 단체 등에서도 유난히 친한 사람들이 있는데, 그렇다고 다른 사람들을 배타적으로 대하면 안 된다.

어느 날 자공이 공자에게 "고을 사람들이 모두 좋아하면 어떻습니까?" 하고 묻자, 공자는 "그것으로는 안 된다"고 답했다. 다시 자공이 "고을 사람들이 모두 미워하면 어떻습니까?" 하고 묻자, 공자가 말했다. "그것도 안 된다. 고을 사람들 중에서 선한 사람이 좋아하고, 선하지 않은 사람이 미워하는 것만 못하다."[35] 선한 사람은 옳은 일을 할 때 좋아하고, 옳지 못한 일을 할 때는 좋아하지 않는다. 선하지 않은 사람은 옳지 못한 일을 할 때 자신에게 이득이 되면 좋아하고, 선한 일을 할 때

우린 군자가 아니거든!

자신에게 이득이 없으면 좋아하지 않는다. 그러니 선한 사람이 좋아하고 선하지 않은 사람이 좋아하지 않는 사람이 가장 참된 사람이다.

자신이 가입하려는 단체가 선을 추구하고 구성원이 선한 사람들인지 알아보고 가입해야 한다. "많은 사람이 미워하는 자라도 살펴보아 확인하고, 많은 사람이 좋아하는 자라도 살펴서 확인해야 한다."[36] 어떤 일을 하기 전에 선입견 없이 선악을 확인하는 것이 반드시 필요하다.

공부 잘하는 사람끼리 운동 잘하는 사람끼리 어울려 다니는 경우가 종종 있는데 그러면 파벌을 형성하게 된다. 공자는 이것을 소인의 행동이라고 말했다. "군자는 두루 사랑하고 파벌을 만들지 않는다. 소인은 파벌을 만들고 두루 사랑하지 않는다."[37] "군자는 자긍심이 있지만 다투지 않고, 여러 무리와 어울려도 파벌을 만들지 않는다."[38] 파벌은 서로의 발전을 방해할 뿐이다.

자신이 속해 있는 단체에 맹목적인 충성심을 보이는 것은

35 子貢이 問曰 鄉人이 皆好之면 何如하니잇고 子曰 未可也니라 鄉人이
   자공   문왈 향인   개호지   하여        자왈 미가야        향인
皆惡之면 何如하니잇고 子曰 未可也니라 不如鄉人之善者好之요 其不
개오지   하여        자왈 미가야      불여향인지선자호지   기불
善者惡之니라.   제13 자로 24장
선자오지

36 子曰 衆이 惡之라도 必察焉하며 衆이 好之라도 必察焉이니라.
   자왈 중   오지     필찰언     중   호지     필찰언

제15 위령공 27장

37 子曰 君子는 周而不比하고 小人은 比而不周니라.   제2 위정 14장
   자왈 군자   주이불비     소인   비이부주

중용의 도에 어긋난 일이다. 중화를 이루기 위해 의리를 지키는 것과 맹신은 비슷해 보일지 몰라도, 목적과 결과를 놓고 보면 아주 다르다. 파벌은 협동의 장점을 이용해 욕심만 채우는 행위일 뿐이다.

자신이 소속한 단체에 자긍심을 갖는 것은 명예로운 일이다. 그 명예는 정직과 성실을 밑거름 삼아 쌓은 것이기 때문이다. 외부에서 활동할 때도 자신의 소속 단체의 이미지를 생각해 몸가짐에 신경쓰고 최선을 다해야 한다. 자공이 묻자, 공자가 말했다.

"어떤 사람이 선비다운 사람입니까?"

"자신의 몸가짐을 부끄러워하고, 다른 나라에 사신으로 가서 임금의 명을 욕되게 하지 않으면 선비다."

"그 정도 수준에 못 미치는 한 단계 아래의 사람에 대해 알고 싶습니다."

"일가친척들이 효성스럽다고 칭찬하고 마을사람들이 공손하다고 칭찬하는 인물이다."

---

38 子曰 君子는 矜而不爭하고 群而不黨이니라. 제15 위령공 21장
　　자 왈 군 자　　긍 이 부 쟁　　　군 이 부 당

자공이 또 그 아래 수준을 묻자, 공자가 말했다.

"자신이 말한 것에 대해 신의를 지키고, 행동을 할 때 결과가 있게 하는 사람은 그릇이 작은 소인일지라도 그 다음이 될 수 있다."[39] 유학에서 말하는 실천은 가장 가까운 가족부터 이웃, 사회, 국가로 확장해 나가는 것이다. 하지만 그 수준은 국가에서 사회, 이웃, 가족으로 좁혀 들어온다. 이것을 '하학이상달下學而上達'이라고 한다.

"군자는 섬기기는 쉬워도 기쁘게 하기는 어렵다. 군자는 올바른 도로써 하지 않으면 기뻐하지 않기 때문이다. 군자가 사람을 부릴 때에는 그 그릇에 맞게 하기 때문에 섬기기 쉬운 것이다. 그러나 소인은 섬기기는 어려워도 기쁘게 하기는 쉽다. 소인은 올바른 도로써 하지 않더라도 기뻐하지만, 그가 사람을 부릴 때에는 완전히 갖춰진 사람을 요구하기 때문에 섬기기는 어려운 것이다."[40] 자기편과 다른 편을 모두 이롭게 하여 기쁘게 하기는 어렵다. 편을 가르기보다는 선의의 경쟁을 하는 것이 서로의 발전에 도움이 된다.

---

39 子貢이 問曰 何如라야 斯可謂之士矣잇고 子曰 行己有恥하며 使於四方
　자공　문왈　하여　　　사가위지사의　　　자왈 행기유치　　　사어사방
하여 不辱君命이면 可謂士矣니라 曰 敢問其次하노이다 曰 宗族이 稱
　　　불욕군명　　가위사의　　 왈 감문기차　　　　왈 종족　칭
孝焉하며 鄕黨이 稱弟焉이니라 曰 敢問其次하노이다 曰 言必信하며
효언　　　향당　칭제언　　　 왈 감문기차　　　　왈 언필신
行必果가 硜硜然小人哉나 抑亦可以爲次矣니라　　제13 자로 20장
행필과　갱갱연소인재　억역가이위차의

40 子曰 君子는 易事而難說也니 說之不以道면 不說也요 及其使人也
　자왈 군자　이사이난열야　열지불이도　　불열야　급기사인야
하여는 器之니라 小人은 難事而易說也니 說之雖不以道라도 說也요
　　　기지　　소인　난사이이열야　열지수불이도　　　열야
及其使人也하여는 求備焉이니라.　제13 자로 25장
급기사인야　　　구비언

**자공**(子貢. 기원전 520~기원전 456?)

위나라 출신의 유학자이자 관료로 원래 이름은 단목사(端木賜)이지만 흔히 자공이라고 불린다. 공자가 아끼는 제자로 말솜씨와 정치적 수완이 뛰어나 노나라 · 위나라의 재상을 지냈다. 장사와 사업에 비범한 재능이 있어 돈을 엄청나게 많이 벌었는데, 이 자금으로 공자와 공자 학단을 경제적으로 많이 지원했다.

論語

# 제7장
# 군자다운 경쟁을 하다

오직 의리만 따르다

옛날에 배우는 사람들은 자기를 위해 공부했다

사람은 죽을 때가 되면 그 말이 착한 법이다

낚시질은 하되 그물질은 하지 않는다

멀리 내다보지 않으면 근심이 생긴다

"부유함이 구하려고 하여 얻어진다면 천한 일이라도 하겠다.
그러나 구하려고 해도 얻을 수 없다면 나는 내가 좋아하는 일을 할 것이다."

"공자는 낚시질은 하되 그물질은 하지 않았고,
주살질은 하되 잠자는 새를 잡지는 않았다."

# 오직 의리만 따르다

《논어》를 읽다보면 무한 경쟁 시대와 맞지 않는 이야기를 하고 있는 것 같고, 《논어》에서 배운 대로 실천하면 경쟁에서 질 것만 같은 생각이 든다. "선비가 도에 뜻을 두고서 초라한 옷과 조촐한 음식을 부끄러워하면 함께 도를 의논할 수 없다."[1] 이처럼 겸손·양보·배려 등에 대해 끊임없이 이야기하고, 이익보다는 의리에 맞는 행동을 하라고 강조하고 있으니 말이다. 그 때문에 《사서삼경》이나 몇 세대 동안 전해 내려오는 고전을 구시대적이고 현실에 맞지 않는 학문이라고 생각한다. 이는 《논어》를 제대로 읽지 않은 탓이다.

"이익만 좇아서 행동하면 원망이 많다."[2] 이익을 좇지 말라는 뜻이 아니라 정의와 의리에 맞게 행동하여 이익을 얻으라는 뜻이다. 상인이 좋은 물건을 싼값에 판매하면 그 가게에는 손님이 붐비게 된다. 그러나 나쁜 물건을 좋은 물건처럼 속여

■ 춘추시대

공자가 노나라의 역사서 《춘
추》에서 이 시대의 일을 서술
한 데서 붙여진 이름이다. 주
나라가 이민족의 침입을 받아
서 수도를 서쪽에 있는 호경
에서 동쪽에 있는 낙읍으로
옮긴 시기부터 전국시대(제후
국의 하나인 진나라가 한·위·조
등 세 나라로 분열된 시기) 이전
까지를 말한다. 수도가 서쪽
에 있었던 춘추시대 이전은
서주라고 하고, 진시황제가
중국을 통일할 때까지 제후들
이 대립하여 패권을 다툰 춘
추전국시대는 수도가 동쪽에
있었으므로 동주라고 한다.
이 시기에 주나라의 봉건제도
는 붕괴되기 시작했고, 신하
가 왕을 살해하고 아들이 아
버지를 죽이는 하극상이 빈번
하게 일어났다.

싸게 파는 척만 하면 얼마 지나지 않아 그 가게는 손님의 발길
이 끊길 것이다. 상도덕을 지키지 않았기 때문이다. 몇 년 전
TV에서 방영한 드라마 〈상도〉에서 주인공이 '장사는 물건을
파는 것이 아니라 사람을 얻는 것이다'라는 말을 했다. 이는
정의와 의리에 따라 이익을 추구하라는, 이익보다 의로움을
먼저 따르라는, 정의와 의리에 맞게 돈을 벌라는 뜻이다.

《논어》에서 청렴하게 살기를 부끄럽게 여기지 말라는 말을
잘못 이해하여 가난하게 사는 것이 바르게 사는 것이라고 오
해해서는 안 된다. "군자가 세상을 살아가는 데 무조건 긍정
해야만 하는 것도 없고, 무조건 부정해야만 하는 것도 없다.
오직 의리만 따를 뿐이다."[3] 군자는 오직 의로움을 기준으로
삼아 일한다는 것을 강조한 것으로 이익을 구할 때도 의에 따
르라고 강조한 것이다.

공자가 살던 춘추시대[■]는 기강이 무너지고 도가 행해지지
않은 사회였다. 이 시기에 부와 명예를 누린 많은 사람들은 대
부분 정의롭지 못했다. 그렇기 때문에 공자가 청렴과 의리를

---

1  子曰 士志於道而恥惡衣惡食者는 未足與議也니라.   제4 이인 9장
   자 왈  사 지 어 도 이 치 악 의 악 식 자    미 족 여 의 야

2  子曰 放於利而行이면 多怨이니라.   제4 이인 12장
   자 왈  방 어 이 이 행     다 원

3  子曰 君子之於天下也에 無適也하며 無莫也하여 義之與比니라.   제4 이인 10장
   자 왈  군 자 지 어 천 하 야   무 적 야     무 막 야     의 지 여 비

강조한 것이지, 이익을 무조건 나쁘다고 말한 것이 아니다. 공자가 "도가 이룩된 나라에서 가난하고 천한 것은 부끄러운 일이며, 도가 이룩되지 않은 나라에서 부유하고 지위가 높은 것은 부끄러운 일이다"[4]고 말한 것을 보면 부와 명예를 나쁜 것으로 보지 않았다는 것을 알 수 있다.

공자가 가난함을 편안하게 생각하라고 한 이유는 자신이 재능 있는 분야를 찾지 않고 겉으로 드러나는 명예와 권력을 좇는 것을 경계한 것이다. "부유함이 구하려고 하여 얻어진다면 천한 일이라도 하겠다. 그러나 구하려고 해도 얻을 수 없다면 나는 내가 좋아하는 일을 할 것이다."[5]

자신이 재능 있는 분야에서 최고가 되려면 사회적 지위와 상관없는 일이라도 최선을 다해야 한다. "명예로운 자리에 있지 않음을 걱정하지 말고 그 자리에 오를 능력이 있는지를 걱정하며, 자신을 알아주는 사람이 없는 것을 걱정하지 말고 남이 나를 알아주도록 노력해야 한다."[6] 자신이 목표로 삼은 일을 열심히 한다는 것은 다른 사람과 경쟁하는 것이 아니라 바

---

4 邦有道에 貧且賤焉이 恥也며 邦無道에 富且貴焉이 恥也니라. 제8 태백 13장
　방 유 도　　빈 차 천 언　　치 야　　방 무 도　　부 차 귀 언　　치 야

5 子曰 富而可求也인댄 雖執鞭之士라도 吾亦爲之어니와 如不可求인댄
　자 왈　부 이 가 구 야　　수 집 편 지 사　　오 역 위 지　　　여 불 가 구
從吾所好호리라. 제7 술이 11장
종 오 소 호

6 子曰 不患無位요 患所以立하며 不患莫己知요 求爲可知也니라. 제4 이인 14장
　자 왈 불 환 무 위　　환 소 이 립　　불 환 막 기 지　　구 위 가 지 야

揖 예를 갖추어 인사할 읍
讓 사양할 양
飮 마실 음

로 자신과 경쟁하는 '자기와의 싸움'이다. 자기와의 싸움에서 필요한 것은 겸손과 양보가 아니라 강한 의지와 자발성이다.

"군자는 다투는 것이 없으나 활쏘기 실력을 겨루는 자리에서는 반드시 경쟁한다. 예를 갖추어 인사하고 사양하면서 활 쏘는 곳에 오르고, 내려와서는 함께 술을 마시니 이것이 군자다운 경쟁이다."7 활쏘기는 자신과의 싸움인 수양의 한 방법이다. 이는 자신과의 경쟁은 치열하게 하고 타인과의 경쟁은 예의를 갖추어 선의의 경쟁을 해야 한다는 뜻이다. 그것이 진정 자기 자신을 위한 행동이다.

---

7  子曰 君子無所爭이나 必也射乎인저 揖讓而升하여 下而飮하나니 其爭
   자 왈 군 자 무 소 쟁        필 야 사 호        읍 양 이 승        하 이 음        기 쟁
也君子니라.  제3 팔일 7장
야 군 자

# 옛날에 배우는 사람들은 자기를 위해 공부했다

《논어》에서 가장 중요한 것은 실천, 즉 행동으로 옮기는 것
이다. 이것은 행동하는 양심과 같은 것이다. 반성하면 개선하
고, 모자라면 보완하는 것이 바로 실천이다. 그러나 옳고 그름
을 분별하지 않고 무작정 실천하는 것이 아니라 실천도 중용
의 도에 맞게 충서의 마음으로 행해야 한다.

　공자는 자기 자신에게 빗대어 실천에 관해 말했다. "덕을 잘
닦지 못하고, 학문을 제대로 익히지 못하고, 올바른 것을 듣고
도 실행하지 못하며, 잘못하는 것을 고치지 못하는 것이 나의
걱정거리다."[8]

　"도가 이룩된 나라에서 녹만 먹는 것, 도가 이룩되지 않은
나라에서 녹을 먹는 일은 부끄러운 일이다."[9] 공자는 스스로
도가 없는 나라에서 녹을 먹는 것은 부끄러운 일이라고 말했
으나, 도가 이룩되지 않은 춘추시대에 등용되기를 원했다. 공

자는 부귀영화를 누리기 위해 벼슬자리에 오르고 싶었던 게 아니다. 당시의 무질서를 바로잡기 위해서는 벼슬에 나아가는 것이 가장 빠른 방법이라고 여겼던 것이다.

그러한 의지와 등용에 관한 생각을 제자 안연에게 말했다. "관리에 등용되면 도를 행하고, 관리에 등용되지 않으면 은둔하는 것, 오직 나와 너만이 이러한 능력을 가지고 있다." 이 말을 듣고 성급하고 용맹한 성격의 자로가 안연을 질투하여 말했다.

"삼군을 통솔하신다면 누구와 함께하시겠습니까?"

"맨손으로 호랑이를 잡으려고 하고, 맨몸으로 강물을 건너려다가 죽어도 후회하지 않는 너와는 함께하지 않을 것이다. 나는 반드시 일에 임해서 신중하게 하고, 계책을 마련하여 성공하는 사람과 함께할 것이다."10

공자는 벼슬에 올라 적극적으로 정사에 참여하여 자신의 의지를 펼치려 했고, 항상 상대의 지위에 맞도록 적절한 예의를 갖추었다. 자신의 지위와 분수에 맞게 행동하려고 애쓴 것이

修 닦을 수
講 익힐 강
穀 곡식 곡. 나라에서 녹을 먹는 일을 뜻한다.
藏 은둔할 장
暴 맨손으로 잡을 포
憑 걸어서 물을 건널 빙
懼 두려워할 구

---

8　子曰 德之不修와 學之不講과 聞義不能徙하며 不善不能改가 是吾憂也
　　자 왈 덕 지 불 수　　학 지 불 강　　문 의 불 능 사　　불 선 불 능 개　　시 오 우 야
　　니라. 제7 술이 3장

9　子曰 邦有道에 穀하며 邦無道에 穀이 恥也니라. 제14 헌문 1장
　　자 왈 방 유 도　곡　　방 무 도　곡　치 야

10　子謂顔淵曰 用之則行하고 舍之則藏을 惟我與爾有是夫인저 子路曰
　　　자 위 안 연 왈　용 지 즉 행　　사 지 즉 장　유 아 여 이 유 시 부　　자 로 왈
　　子行三軍이면 則誰與시리잇고 子曰 暴虎憑河하여 死而無悔者를
　　자 행 삼 군　　즉 수 여　　　자 왈 포 호 빙 하　　사 이 무 회 자
　　吾不與也니 必也臨事而懼하며 好謀而成者也니라. 제7 술이 10장
　　오 불 여 야　필 야 임 사 이 구　　호 모 이 성 자 야

다. 공자가 분수에 맞지 않게 행동하는 계씨에 대해 말했다. "천자만이 즐길 수 있는 팔일무▪를 자신의 마당에서 추게 하니, 이런 일을 할 수 있다면 무슨 일이든 저지를 수 있지 않겠는가?"11

"모난 술그릇이 모나지 않게 생겼다면 모난 술그릇이라고 말할 수 있겠는가?"12 공자는 분수에 맞게 행동하되, 자신의 개성을 지키는 것 또한 중요하게 생각했다. 그러기 위해서는 먼저 자기 자신이 바르게 되어야 한다고 강조했는데 이것을 위기지학이라고 한다. "밖에서는 높은 지위에 있는 공경▪을 올바르게 섬기고, 집에서는 부모와 형제에게 잘하고, 상을 당해서는 정성을 다하고, 술을 과하게 마셔 실수하지 않는 일들 중에 나는 한 가지도 제대로 하지 못하는구나."13

"옛날에 배우는 사람들은 자기를 위해 공부했는데, 지금 배우는 사람들은 남에게 인정받기 위해 공부한다."14 자기 자신을 위한 학문을 위기지학이라고 하고, 다른 사람을 위해 하는 학문을 위인지학이라고 한다. 자기를 위한다는 것은 자기에게

■ 팔일무
악공 64명이 8줄로 정렬하여 아악(의식 때 쓰이던 음악)에 맞추어 문묘(공자의 제사)와 종묘 제례 때 추던 춤을 말한다. 천자만이 행할 수 있는 의식이었다. 제후는 육일무(36명이 6줄로 정렬), 대부는 4일무(16명이 4줄로 정렬)로 추었다.

■ 공경
중국의 봉건시대였던 주周나라는 왕조 밑에 공公·경卿·대부大夫·사士라는 계급으로 나누어져 있었다. 경과 대부는 천자와 공이라는 지배자가 임명한 높은 직책의 벼슬로 경이 대부보다 높았고, 사는 그 밑의 하부 관리였다.

---

11 孔子謂季氏하사되 八佾로 舞於庭하니 是可忍也온 孰不可忍也리오.
　　공 자 위 계 씨　　　　팔 일　무 어 정　　　시 가 인 야　　숙 불 가 인 야
　　제3 팔일 1장

12 子曰 觚不觚면 觚哉觚哉아.　　제6 옹야 23장
　　자 왈 고 불 고　　고 재 고 재

13 子曰 出則事公卿하고 入則事父兄하며 喪事를 不敢不勉하며 不爲酒困
　　자 왈 출 즉 사 공 경　　　입 즉 사 부 형　　　상 사　　불 감 불 면　　　불 위 주 곤
이 何有於我哉오.　　제9 자한 15장
　 하 유 어 아 재

14 子曰 古之學者는 爲己러니 今之學者는 爲人이로다.　　제14 헌문 25장
　　자 왈 고 지 학 자　　위 기　　　금 지 학 자　　위 인

왜 공부
하시나이까?

왜 하긴
출세하려고
하는 거지

이득이 있게 한다는 것이 아니라 자기 자신에게 부끄럽지 않기 위한 공부고, 남을 위한다는 것은 남에게 잘 보이려고 하는 공부다.

어느 날 동자가 공자의 말을 전달하는 심부름을 맡게 되었는데 어떤 사람이 그에 대해 물었다. "그 아이는 학문에 진전이 있습니까?" 공자가 대답했다. "나는 그 아이가 어른 자리에 앉아 있는 모습과 어른과 나란히 걸어가는 모습을 보았다. 그 아이는 학문이 진전되기를 원하는 사람이 아니라, 빨리 이루고자 하는 사람이다."[15]

남에게 잘 보이기 위해 하는 공부는 조급한 마음을 갖게 하여 학문이 자기의 것이 되지 못하기 때문에 아무런 이득을 얻을 수 없다.

15 闕黨童子將命이어늘 或이 問之曰 益者與잇가 子曰 吾見其居於位也
   궐 당 동 자 장 명        혹   문 지 왈   익 자 여        자 왈  오 견 기 거 어 위 야
   하며 見其與先生並行也하니 非求益者也라 欲速成者也니라.  제14 헌문 47장
   견 기 여 선 생 병 행 야      비 구 익 자 야   욕 속 성 자 야

# 사람은 죽을 때가 되면 그 말이 착한 법이다

유학은 공자와 맹자 시대에 종교나 철학 등으로 분리되지 않은 단순한 도덕사상이었다. 공자는 춘추시대의 무질서를 바로잡으려고 천하를 주유하면서 인과 예에 대해 말했으나 뜻대로 되지 않자, 고향에 돌아와 제자들에게 《시》·《서》·《예》·《악》·《역》·《춘추》 등 육경을 가르쳤다. 이 시기의 유학은 실천 학문으로서 크게 발전했다.

그러나 진시황제*의 분서갱유 사건으로 위축되었다가 한나라에 이르러 유학은 국가 이념이자 종교로서 그 기능이 발전했다. 송·명 시대에 이르러 유학은 정치적·종교적 사회체제의 변화에 따라 도가·불가 사상을 더하면서 이론적으로 심화되고 철학적인 체제를 갖추게 되었다. 이 시기의 유학을 성리학이라고 한다.

성리학은 조선시대의 국가 이념이었기 때문에 실천보다 그

■ **진시황제**
중국 최초의 중앙집권적 통일 국가 진秦나라를 건설한 전제 군주. 강력한 부국강병책을 추진하여 중국 대륙의 군소 국가를 모두 통일했다. 중앙 집권 정책을 추진하여 법령을 정비하고, 군현제를 실시했으며, 문자·도량형·화폐를 통일했다. 봉건제도를 폐지함으로써 제후국의 반란의 소지를 제거했다. 법가 사상으로 강력한 전제 군주제를 실시하기 위해 분서갱유를 단행했다. 분서갱유는 법가 사상을 이어받은 진나라의 승상 이사가 주장한 탄압책으로 실용 서적을 제외한 모든 사상 서적을 불태우고 유학자를 생매장한 사건이다.

원리를 논리적으로 따지는 지나친 관념론으로 발전하게 되었다. 성리학의 관념론적인 성격 때문에 유학을 보수적인 학문이라고 생각하는데 사실 다른 이유가 있다. 일제강점기에 한 민족의 문화와 정신을 말살시키려는 일본이 우리 민족에 유학의 단점을 확대·과장하여 주입시킨 것을 아직도 우리가 따르고 있기 때문에 유학을 보수적 학문이라고 생각하는 것이다.

또 《논어》에는 공자가 제자들을 쉽게 가르치기 위해 실생활의 예를 들어 설명하는 내용이 많이 담겨 있다. 공자가 생존했을 당시의 사회적 환경은 감안하지 않고, 《논어》에서 표현된 것을 그대로 적용하려고 하기 때문에 보수적 학문이라고 받아들이는 것이다.

앞에서 나온 문장 중에 "남쪽 나라 사람들의 말에 '사람이 변하지 않는 항심이 없다면 무당과 의원같이 비천한 일도 할 수 없다'라고 하니 좋은 말이다"[16]가 있다.

공자가 살던 시절에 의사는 비천한 직업이었

---

16　子曰 南人이 有言曰 人而無恒이면 不可以作巫醫라 하니 善夫라.　제13 자로 22장
　　자 왈　남 인　유 언 왈　인 이 무 항　　불 가 이 작 무 의　　　선 부

다. 조선시대에도 의사는 양반이 아니라 중인에 속했다. 그러나 현대에는 존경받는 직업 중 하나다. 이 문장에서 중요한 것은 비천한 직업에 대해 아는 것이 아니라 성실하고 한결같은 항심이다. 공자는 항심에 대해 말하고 싶었던 것이다.

"여자와 소인은 다루기가 어려우니, 가까이하면 불손하고 멀리하면 원망한다"[17]는 문장이 있다. 이 시대에 여자는 남자와 비교하여 사회적 지위가 낮았다. 이것만 보고 유학을 남녀차별적인 학문이라고 생각하는 것은 잘못이다. 공자가 21세기에 살았다면 예를 든 내용이 달랐을 것이다. 《논어》를 읽을 때 공자가 말하고자 하는 핵심을 알려고 해야 한다.

증자가 병이 든 것을 알고 맹경자[■]가 문병을 갔는데, 이때 증자가 말했다.

"새는 죽을 때가 되면 그 울음소리가 슬프고, 사람은 죽을 때가 되면 그 말이 착한 법이다."[18]

사람은 죽기 전에 자신의 잘못을 뉘우치고 반성한다. 이처럼 유학은 죽기 전에 잘못을 뉘우치거나 후회하지 말고 하루

■ 맹경자
노나라의 대부로 성은 중손仲孫, 이름은 첩捷, 시호는 경이다. 중손씨는 노나라 환공의 자손인 삼환씨 중 맹손씨를 말한다.

---

17  子曰 唯女子與小人은 爲難養也니 近之則不孫하고 遠之則怨이니라.
    자 왈  유 여 자 여 소 인   위 난 양 야   근 지 즉 불 손    원 지 즉 원

    제17 양화 25장

18  曾子有疾이어시늘 孟敬子問之러니 曾子言曰 鳥之將死에 其鳴也哀하고
    증 자 유 질      맹 경 자 문 지    증 자 언 왈 조 지 장 사   기 명 야 애

    人之將死에 其言也善이니라.  제8 태백 4장
    인 지 장 사   기 언 야 선

하루를 성실하고 선하게 살아야 한다고 가르치는 학문이다. 시대의 변화에 맞추어 실천하는 것이 유학의 참모습이다.

춘추시대는 은자라고 불리는 무리들이 있었다. 학식이 뛰어나고 능력 있는 사람들이었지만, 춘추시대의 혼란을 피해 벼슬을 버리고 산 속에 숨어 살았다. 그들은 세상을 등진 것이다. 반면 유학자들은 그들과는 다르게 적극적으로 세상을 바꾸려고 노력한 사람들이다. 고리타분한 학자들이 아니라 성공과 실패라는 결과에 연연하지 않고 부단히 노력한 진취적인 학자들이었다.

자로가 석문에 가기 위해 그곳 성문을 지나려고 하는데, 성문지기 신문이 물었다. "어디서 오셨소?" 자로가 대답했다. "공자님 문하에서 왔습니다." 성문지기가 말했다. "안 되는 줄 알면서도 행동하는 사람이구나!"[19]

공자가 위나라에 머무를 때 경(옥을 나무에 매달아 놓고 두들기면서 연주하는 악기)을 연주하고 있었다. 이때 삼태기를 메고서 지나가던 사람이 말했다. "경을 두드리는 소리를 들으니 마음

---

19  子路宿於石門이러니 晨門曰 奚自오 子路曰 自孔氏로라 曰 是知其不
    자 로 숙 어 석 문              신 문 왈  해 자  자 로 왈  자 공 씨        왈  시 지 기 불
    可而爲之者與아.  제14 헌문 41장
    가 이 위 지 자 여

이 아직도 천하에 있구나!" 그리고 잠시 있다가 말했다. "탕탕하는 소리가 비천하구나! 자신을 알아주지 않으면 그만두면 될 것을…… 물이 깊으면 옷을 벗고 건너고, 물이 얕으면 옷을 걷고 건너야 하는 것이다." 그러자 공자는 탄식하며 말했다. "과감할 정도로 세상일을 잊고 사는구나! 그렇게 산다면 어려울 것이 없겠구나!"[20]

공자는 세상에 등 돌리지 않고 질서를 바로잡으려고 적극적으로 노력했다. 자신의 뜻을 펴기 위해서는 벼슬을 하여 직접 정치에 참여하거나, 제자들을 교육시켜 세상에 널리 퍼뜨리는 것이 가장 적합한 일이었다.

그래서 제자들을 양성하고, 기회가 되면 항상 정치에 관여하려 했다. 그러나 가망이 없고, 무도한 군주가 있는 곳에서는 벼슬을 하려 하지 않았다.

"사어"는 정직하구나! 나라에 도가 있을 때도 화살처럼 곧으며, 나라에 도가 없을 때도 화살처럼 곧도다. 거백옥"은 군자구나! 나라에 도가 있으면 벼슬을 하고, 나라에 도가 없으면

■ 사어
위나라의 대부 사추史鰌를 말한다. 자는 자어子魚이며, 사史는 관명이다. 위령공에게 어질고 능력 있는 거백옥을 천거했으나, 위령공은 그의 충언을 따르지 않고 오히려 간신 미자하를 중용했다. 그 뒤에도 사추는 여러 차례 거백옥을 등용하도록 간언했으나 위령공은 듣지 않았다. 그가 병이 들어 죽게 되었을 때 "거백옥의 현명함을 말했으나 등용시키지 못했고, 미자하는 부족했으나 물리치지 못했다. 나는 신하될 자격이 없으니 장례를 치를 때에 실내에서 하라" 하고 아들에게 유언했다. 이것을 알게 된 위령공이 크게 뉘우치고 거백옥을 등용하고 미자하를 물리쳤다.

券 거두어들일 권
懷 감출 회

20 子擊磬於衛러시니 有荷蕢而過孔氏之門者曰 有心哉라 擊磬乎여 旣而요
   자 격 경 어 위   유 하 궤 이 과 공 씨 지 문 자 왈 유 심 재   격 경 호 여  기 이
   曰 鄙哉라 硜硜乎여 莫己知也어든 斯已而已矣니 深則厲요 淺則揭니라
   왈 비 재   갱 갱 호 여  막 기 지 야   사 이 이 이 의   심 즉 려   천 즉 게
   子曰 果哉라 末之難矣니라. 제14 헌문 42장
   자 왈 과 재   말 지 난 의

■ 거백옥
위나라의 재상으로 어진 성
품과 100세까지 장수한 것으
로 유명한 사람이다. 공자와
도 친교가 있었던 것으로 알
려졌다.

거두어서 감추어 두는구나."[21]

공자는 제후국 가운데 비교적 가망이 있는 곳에서 하루라도 빨리 질서를 회복하여, 그러한 질서가 다른 곳으로 파급되기를 희망했다. 도가 행해지는 나라에서는 선의의 경쟁이 빛을 발하기 때문에 그 사회는 빠르게 발전하고, 그것이 본보기가 되어 다른 곳으로 영향력이 미칠 수 있기 때문이다.

---

21  子曰 直哉라 史魚여 邦有道에 如矢하며 邦無道에 如矢로다 君子哉라
    자왈  직재   사어   방유도    여시    방무도   여시    군자재
    蘧伯玉이여 邦有道則仕하고 邦無道則可卷而懷之로다.  제15 위령공 6장
    거백옥     방유도즉사     방무도즉가권이회지

# 낚시질은 하되 그물질은 하지 않는다

정당하게 행동하는 것이 선의의 경쟁이다. 선의의 경쟁은 인간이 발전하기 위한 바탕이 되는데, 경쟁이 없다면 인간은 더디게 발전할 것이다. 공자는 낚시를 하거나 사냥을 할 때도 도를 지켜야 한다고 말했다. 경쟁을 할 때도 따라야 할 도가 있다는 뜻이다.

"공자는 낚시질은 하되 그물질은 하지 않았고, 주살질은 하되 잠자는 새를 잡지는 않았다."[22] 군자는 낚시를 하더라도 자신이 필요한 만큼만 잡고 그만둔다. 물고기를 잡아 이득을 챙길 생각에 다른 사람이 잡아야 될 물고기까지 잡는 것은 당장에는 이익이 될 수 있으나 향후에 그 피해가 자신에게 돌아오게 된다.

《논어》에서는 선의의 경쟁을 강조하는 것이지 무조건 가난하게 사는 것이 도를 따르는 것이라고 말하는 게 아니다.

"위나라 대부 영무자"는 나라에 도가 있을 때는 지혜롭게 행동했으며, 나라에 도가 없을 때는 어리석은 사람처럼 행동했다. 몸과 마음을 모두 바쳐서 노력하는 모습을 보고 사람들은 그를 어리석게 생각했다. 그의 지혜는 따를 수 있지만 어리석음은 따를 수가 없다."[23]

"부귀는 사람들이 얻고자 하는 것이지만, 정당한 방법으로 얻은 것이 아니면 누리지 말아야 한다. 빈천은 사람들이 싫어하는 것이지만, 부당하게 그렇게 되었다고 하더라도 가난하고 지위 낮음을 받아들여야 한다."[24]

정당한 방법으로 부귀를 얻는다는 것은 선의의 경쟁을 하여 자신의 노력으로 그것을 얻음을 뜻한다. 그러한 사람은 항상 성실함을 보이고, 다른 사람이 신뢰할 수 있는 생활을 한다. 그 결과 능력이 향상되고, 신용을 쌓아 부를 얻게 된 것이다. 이렇게 얻은 부는 누릴 만한 가치가 있다는 것이다.

개인이 아닌 조직, 단체 간에 선의의 경쟁을 할 때 중요한 것이 구성원의 팀워크다. 팀워크는 신뢰와 협동이 가장 기본인

22  子는 釣而不網하시며 弋不射宿이러시다. 제7 술이 26장
    자   조 이 불 강        익 불 사 숙

23  子曰 甯武子邦有道則知하고 邦無道則愚하니 其知는 可及也어니와
    자 왈 영 무 자 방 유 도 즉 지     방 무 도 즉 우      기 지     가 급 야
    其愚는 不可及也니라. 제5 공야장 20장
    기 우    불 가 급 야

24  子曰 富與貴 是人之所欲也나 不以其道로 得之어든 不處也하며 貧與
    자 왈 부 여 귀 시 인 지 소 욕 야   불 이 기 도   득 지     불 처 야      빈 여
    賤이 是人之所惡也나 不以其道로 得之라도 不去也니라. 제4 이인 5장
    천    시 인 지 소 오 야  불 이 기 도   득 지    불 거 야

데, 상대방을 의심하기 시작하면 팀워크는 깨지게 되어 있다. 공자는 상대방을 의심하지 말고 그 사람의 말이나 행동으로 판단하라고 했다. "남이 나를 속일까 미리 짐작하지 말고, 남이 나를 믿어주지 않을까 미리 억측하지 않는다. 도리어 그런 일이 있을 때 그것을 미리 깨닫는 것이 현명한 사람이다."[25]

　어떤 사람에 대해 성급하게 판단하기보다는 반드시 그 행실을 보고 정확하게 판단해서 의사결정을 하는 것이 팀워크를 이루는 데 중요하다. 또한 의사결정을 할 때는 대의를 생각하고 멀리 넓게 바라보는 안목을 갖고 회의에 임해야 한다. "여럿이 모여 종일토록 의로운 일을 행하는데 말이 맞지 않고, 작은 지혜를 행하기만 좋아한다면 어려움이 있을 것이다."[26]

　팀워크를 이루기 위해서는 재능 있는 사람이 능력을 발휘할 수 있도록 추천해야 한다. 그러지 못한 사람을 공자는 상대방의 지위를 훔친 자라고 했다. "장문중*은 유하혜*의 현명함을 알고도 함께 조정에서 일할 수 있도록 추천하지 않았으므로 유하혜의 지위를 훔친 사람이다."[27]

■ 장문중
노나라 대부로 성은 장손臧孫, 시호는 문文, 자는 중仲, 이름은 진辰이다.

■ 유하혜
노나라의 대부로 성은 전展, 이름은 획獲, 자는 자금子禽이다. 유하는 그의 식읍이며, 혜惠는 시호다.

---

25　子曰 不逆詐하며 不億不信이나 抑亦先覺者 是賢乎인저. 제14 헌문 33장
　　자왈　불역사　　불억불신　　억역선각자 시현호

26　子曰 群居終日에 言不及義요 好行小慧면 難矣哉라. 제15 위령공 16장
　　자왈　군거종일　언불급의　호행소혜　난의재

27　子曰 臧文仲은 其竊位者與인저 知柳下惠之賢而不與立也로다. 제15 위령공 13장
　　자왈　장문중　기절위자여　지유하혜지현이불여립야

위나라의 대부로 성은 공孔,
이름은 어圉, 시호는 문文이다.
공문자孔文子라고도 불린다.

리더는 팀워크가 잘 이루어지도록 하기 위해서 구성원이 각자 능력을 최대한 발휘할 수 있도록 그들을 적재적소에 배치해야 한다. 비록 위령공이 말이나 행동이 올바르지 못했지만, 공자는 그에게 그러한 능력이 있음을 인정했다. 그러자 계강자가 말했다.

"상황이 이러한데 어찌하여 그 사람은 망하지 않습니까?"

"중숙어란 인물이 외교를 맡고 있고, 축타가 종묘를 다스리며, 왕손가가 군대를 담당하고 있으니 어찌 망하겠는가?"[28]

위령공은 잔학한 군주였다. 더욱이 그의 부인인 남자南子는 행실이 바르지 못했다. 왕과 왕후가 바르지 못해 세자 괴외蒯聵는 어머니를 시해하려고 했으나 실패하고 국외로 도망갔다. 위령공이 공자 영郢을 세자로 세우려고 했으나 영은 세자가 되는 것을 마다했다. 위령공이 죽자 남자가 괴외의 아들인 손자 첩輒을 내세워 괴외를 막았다. 괴외는 어머니를 공격하는 불효를 하게 되었고, 첩은 할머니와 함께 자신의 아버지와 맞서는 일이 벌어졌다. 이러한 일이 발생하게 만든 위령공은 재

---

28 子言衛靈公之無道也러시니 康子曰 夫如是로되 奚而不喪이니잇고 孔
　　자 언 위 령 공 지 무 도 야　　　　강 자 왈　부 여 시　　　　해 이 불 상　　　　공
子曰 仲叔圉는 治賓客하고 祝鮀는 治宗廟하고 王孫賈는 治軍
자 왈　중 숙 어　치 빈 객　　　축 타　치 종 묘　　　왕 손 가　치 군
旅하니 夫如是어니 奚其喪이리오. 제14 헌문 20장
려　　　부 여 시　　해 기 상

위에 있을 때 지위를 위협받지는 않았다. 위령공은 어진 정치를 펼치지는 않았지만, 신하를 재능에 맞게 적재적소에 등용하는 능력이 있었다.

그만큼 인재의 배치는 중요한 것으로 사람을 추천할 때나 사람을 배치할 때는 그 사람의 능력을 정확하게 판단하는 지혜로운 안목을 가져야 한다.

공자가 "나는 아직 강직한 사람을 보지 못했다"고 말하자, 어떤 사람이 "신정이 그런 사람입니다"고 말했다. 공자가 그 말을 듣고 말했다. "신정의 그런 모습은 욕심에서 나오는 것이다. 그런 행동이 어찌 강직한 사람의 행동일 수 있겠느냐?"29

신정은 고집이 세고 겉으로 보기에는 강직한 사람처럼 보였으나 그러한 행동은 욕심이 많은 데서 나온 것이었다. 공자는 그것을 꿰뚫어보는 혜안이 있었다.

29 子曰 吾未見剛者로라 或對曰 申棖이니이다 子曰 棖也는 慾이어니
   자왈 오미견강자     혹대왈 신정         자왈 정야   욕
焉得剛이리오. 제5 공야장 10장
언득강

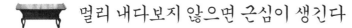# 멀리 내다보지 않으면 근심이 생긴다

최선을 다해 노력했는데 결과가 좋지 않으면 실망하고 좌절하게 된다. 그러나 이때 결과에 연연해 비관하거나 슬퍼하기보다는 다음 기회를 준비해야 한다. 공자는 군자와 소인에 비유해 이에 대해 말했다. "군자는 위로 통달하고, 소인은 아래로 통달한다."30 "군자는 의리에 밝고 소인은 이익에 밝다."31 공자의 말처럼 군자는 경쟁의 결과에 연연해하지 않고 다음을 생각하여 앞으로 정진하고, 소인은 눈앞의 이익을 생각하여 그 자리에 머물러 있다.

의를 따르는 데 어려움이 있더라도 그것을 이겨내야지 편법을 쓰면 안 된다. 또 그러한 상황을 모면하기 위해 도를 버려서는 안 된다. "거친 밥을 먹고 물을 마시며 팔을 베고 눕더라도 즐거움이 그 가운데 있으니, 의롭지 못한 부귀는 나에게 뜬구름과 같다."32

위나라 영공이 공자에게 전쟁할 때 필요한 진법陣法을 묻자, 공자가 말했다. "제사 지내는 예법에 대한 것은 알고 있으나 군대에 관한 일은 배우지 못했습니다." 그리고 다음 날 위나라를 떠나 진陳나라로 가버렸다. 진나라에 머무를 때 양식이 떨어져 공자를 따르는 사람들이 쇠약해져 일어나지도 못하게 되었다. 자로가 이러한 상황에 화가 나서 공자에게 물었다. "군자도 곤궁할 때가 있습니까?" 공자가 말했다. "군자는 곤궁한 것을 견뎌낼 수 있지만 소인은 곤궁해지면 그것을 모면하기 위해서 무슨 짓이든지 하게 된다."33

"사람이 멀리 내다보지 않으면 반드시 가까운 시일 안에 근심이 생기게 된다."34 "'어찌할까? 어찌할까?' 라고 말하지 않는 사람은 나도 어찌할 수 없다."35 비록 결과가 만족스럽지 못해도 긍정적인 태도로 받아들이고 그다음을 준비하는 적극적인 자세가 중요하다. 실패한 원인을 확실하게 파악하여 그러한 실수를 되풀이하지 않고 다음에는 꼭 성공할 수 있도록 노력해야 한다.

---

30 子曰 君子는 上達하고 小人은 下達이니라. 제14 헌문 24장
　　자왈 군자 　상달 　소인 　하달

31 子曰 君子는 喩於義하고 小人은 喩於利니라. 제4 이인 16장
　　자왈 군자 　유어의 　소인 　유어리

32 子曰 飯疏食飲水하고 曲肱而枕之라도 樂亦在其中矣니 不義而富
　　자왈 반소식음수 　곡굉이침지 　낙역재기중의 　불의이부
且貴는 於我에 如浮雲이니라. 제7 술이 15장
차귀 　어아 여부운

'실패는 성공의 어머니'라는 명언이 있는 것은 실패를 통해 성공에 다가갈 수 있다는 뜻이다. 실패는 늘 성공만 하는 사람이 자만에 빠지고 발전하는 데만 신경쓰는 사람을 경계하게 한다. 어느 것 하나에 성공했다고 자만하면 안 된다. 수많은 시행착오가 일어나는 삶 속에서 실패는 성공의 열쇠가 될 수 있다.

실패를 하거나 성공을 하거나 한결같은 마음을 가져야만 한다. 자공이 물었다. "가난하지만 아첨하지 않고, 부자이지만 교만하지 않으면 어떻습니까?" 공자가 말했다. "그래도 괜찮은 사람이다. 그러나 가난하면서도 즐거워하고, 부자이면서도 예절바르게 행동하는 사람이 더 낫다."36

그런데 다음을 준비할 때는 말보다 행동으로 보여야 한다. 어떤 사람이 공자에게 "염옹은 인자하지만 말재주가 없습니다"고 말하자, 공자는 "말재주를 어디에다 쓰겠는가? 말재주가 좋은 사람은 풍부한 언변으로 남의 말을 막아서 남에게 미움을 받게 될 때가 많을 것이다. 나는 그가 인자한지는 모르겠

嘗 일찍이 상
遂 일찍이 수
絶 끊을 절
糧 양식 량
慍 성낼 온
窮 가난할 궁

---

33 衛靈公이 問陳於孔子한대 孔子對曰 俎豆之事는 則嘗聞之矣어니와
　　위 령 공　　문 진 어 공 자　　공 자 대 왈　　조 두 지 사　　즉 상 문 지 의
　　軍旅之事는 未之學也라 하시고 明日에 遂行하시다 在陳絶糧하니 從者病
　　군 려 지 사　　미 지 학 야　　　　　　명 일　　수 행　　　　재 진 절 량　　종 자 병
　　하여 莫能興이러니 子路慍見曰 君子亦有窮乎잇가 子曰 君子는 固窮
　　　　막 능 흥　　　　자 로 온 견 왈　군 자 역 유 궁 호　　자 왈　군 자　　고 궁
　　이니 小人은 窮斯濫矣니라.　제15 위령공 1장
　　　　소 인　　궁 사 람 의

34 子曰 人無遠慮면 必有近憂니라.　제15 위령공 11장
　　자 왈　인 무 원 려　　필 유 근 우

35 子曰 不曰如之何如之何者는 吾末如之何也已矣니라.　제15 위령공 15장
　　자 왈　불 왈 여 지 하 여 지 하 자　　오 말 여 지 하 야 이 의

지만, 실천이 따르지 않는 말재주를 어디에다 쓰겠는가?"37 하고 말했다.

당장의 실패를 크게 생각하고 좌절하게 된다면, 미래를 위한 큰 계획을 세울 수 없는 것이다. "말만 교묘하게 꾸미는 것은 덕을 어지럽히고, 작은 것을 참지 못하면 큰 계책을 어지럽힌다."38

가난한 사람이 어려움에 처하면 부유한 사람에게 아첨하게 되고, 부자가 되면 자신도 모르게 교만한 행동을 하기도 한다. 대체로 사람들은 이러한 행동을 자제하려고 노력한다. 하지만 선의의 경쟁 결과가 만족스럽지 않더라도 겸허하게 받아들이고 다음을 준비하는 자세가 필요하다. 이러한 긍정적이고 적극적인 마음가짐은 내면을 충실하게 하고 한 단계 성숙하는 결과를 불러온다. 또한 경쟁에서 이겼다고 하더라도 다음을 위하여 자신을 되돌아보고, 겸손하게 행동하는 것이 승자의 모습이다.

貧 가난할 빈
諂 아첨할 첨
屢 여러 번 되풀이할 루
憎 미워할 증
亂 어지럽힐 난

36 子貢日 貧而無諂하며 富而無驕 何如하니잇고 子日 可也나 未若貧而
   자 공 왈  빈 이 무 첨     부 이 무 교 하 여      자 왈  가 야   미 약 빈 이
   樂하며 富而好禮者也니라.   제1 학이 15장
   락      부 이 호 예 자 야

37 或日 雍也는 仁而不佞이로다 子日 焉用佞이리오 禦人以口給하여
   혹 왈  옹 야   인 이 불 영     자 왈  언 용 영      어 인 이 구 급
   屢憎於人하나니 不知其仁이어니와 焉用佞이리오.   제5 공야장 4장
   루 증 어 인     부 지 기 인       언 용 영

38 子日 巧言은 亂德이요 小不忍則亂大謀니라.   제15 위령공 26장
   자 왈  교 언    난 덕     소 불 인 즉 난 대 모

論語

# 제 8 장

# 학문은
# 배우고 실천하는 것이다

실천하고 여력이 있으면 글을 배워야 한다

소극적이면 나아가게 하고 진취적이면 물러나게 하다

옛것을 익히고 새로운 것을 알면 스승이 될 수 있다

아랫사람에게 묻는 것을 부끄러워하지 않다

하나의 이치로 모든 것을 꿰뚫어보다

"날마다 자신이 몰랐던 것을 알아가며,
달마다 자신이 아는 것을 잊지 않으면
학문을 좋아한다고 할 수 있다."

"나는 태어나면서부터 알고 있는 사람이 아니라
옛것을 좋아하여 열심히 찾아 배운 것이다."

# 실천하고 여력이 있으면 글을 배워야 한다

《논어》에서 말하는 학문은 이론적인 지식을 쌓는 것뿐만 아니라, 그 배운 내용을 실천으로 옮기는 것까지를 뜻한다. 다시 말하면 학문은 배움과 실천이 동시에 이루어지는 것이다. 실천하는 데 어려움이 없고 반복을 통하여 완전하게 자신의 것으로 만들어 나가는 과정이 학습이다. 입시 위주의 교육은 실천을 등한시하지만, 《논어》에서는 이론적인 배움보다는 실천을 우선시한다.

"실천하고 여력이 있으면 글을 배워야 한다."[1]

언행일치와 지행합일과 같은 맥락에서 합리적인 공부법에 대해서 말한 것이며, 지식도 실천이 중요함을 강조한 것이다.

"본성은 서로 비슷하나 익힘에 따라 서로 멀어지게 된다."[2]

전문 분야에서 요구하는 지식 수준은 상식 수준의 지식과는 다르다. 전문 지식은 머릿속에 담고 있는 이론적인 지식을 실

공부의 목적은 실천에 있느니라

그렇군요

천하면서 얻은 것이기 때문이다.

"나는 학문에서는 다른 사람보다 못하진 않다. 그러나 군자의 도를 몸소 실천하는 것에서는 아직 미흡하다."3

공자가 이처럼 겸손하게 말한 것은 실천이 그만큼 중요하다는 것을 강조한 것이다. 도덕·윤리 과목을 공부했기 때문에 그 덕목을 모르는 사람은 없으며 시험을 볼 때는 누구든지 답안을 작성할 수 있다. 그러나 그 배운 내용을 제때 제대로 실천하는 사람은 많지 않다. 공부할 때 예습과 복습을 중요하게 생각하는데, 공자는 실천적인 예습과 복습을 강조했다.

"배울 때는 능력이 모자라 따라가지 못할 듯이 하고, 배운 것을 잃을까 두려워하는 듯이 해야 한다."4

호기심이 많은 사람은 공부하는 것을 좋아하는데, 공자의 제자 중 자하가 그러했다. 자하는 배움에 대해 말했다. "날마다 자신이 몰랐던 것을 알아가며, 달마다 자신이 아는 것을 잊지 않으면 학문을 좋아한다고 할 수 있다."5

공부를 할 시기에는 학업에 전념해야 한다. 공부도 자신과

---

1 　行有餘力이어든 則以學文이니라.  제1 학이 6장
　　행 유 여 력　　　　　즉 이 학 문

2 　子曰 性相近也나 習相遠也니라.  제17 양화 2장
　　자 왈 성 상 근 야　　습 상 원 야

3 　子曰 文莫吾猶人也아 躬行君子는 則吾未之有得호라.  제7 술이 32장
　　자 왈 문 막 오 유 인 야　　궁 행 군 자　　즉 오 미 지 유 득

4 　子曰 學如不及이요 猶恐失之니라.  제8 태백 17장
　　자 왈 학 여 불 급　　유 공 실 지

5 　子夏曰 日知其所亡하며 月無忘其所能이면 可謂好學也已矣니라.
　　자 하 왈　일 지 기 소 망　　　월 무 망 기 소 능　　　가 위 호 학 야 이 의
　　제19 자장 5장

의 싸움인데, 자신과 하는 싸움에서 이기는 방법은 성실하게 학습해 나가는 것이다.

"어찌 감히 내가 성인과 인인이라고 말할 수 있겠느냐? 그러나 성인과 인인이 되기 위해 그 도리를 실천하기 싫어하지 않으며, 남 가르치기 게을리하지 않는 사람이라고 자신 있게 말할 수 있다." 그러자 공서화*가 말했다. "바로 그것이 저희 제자들이 배울 수 없는 점입니다."6

자신이 자발적으로 세운 목표는 동기부여가 되어 그것에 도달하기 위해 적극적으로 노력하게 된다. 그러나 실천하는 데 가장 중요한 것은 성실성이다. 매순간 성실하게 실천한다면 자신이 세운 목표는 이루어지게 될 것이다. 이론적인 지식을 습득하고 그 지식을 실천에 옮기면서 즐거움을 느끼는 사람은 열정이 있는 사람이다.

섭공이 자로에게 공자의 인물됨을 물었는데, 자로는 섭공의 인물됨을 싫어하여 대답하지 않았다. 이 말을 듣고 공자가 말했다.

■ **공서화**
노나라 출신으로 공서적이라고도 불리며 자는 자화子華, 공자보다 42세 연하다. 대인 관계에 능하고, 절도가 있는 사람으로 알려져 있다.

---

6   子曰 若聖與仁은 則吾豈敢이리오 抑爲之不厭하며 誨人不倦은 則可
    자 왈   약 성 여 인    즉 오 기 감        억 위 지 불 염      회 인 불 권    즉 가
謂云爾已矣니라 公西華曰 正唯弟子不能學也로소이다.   제7 술이 33장
위 운 이 이 의    공 서 화 왈 정 유 제 자 불 능 학 야

"어째서 너는 '선생님은 알지 못하는 것이 있으면 분발하여 먹는 것도 잊고, 깨달으면 즐거워 근심도 잊고 늙어가는 것조차 모른다'고 이야기하지 않았느냐?"[7]

공자는 자신의 공부에 이와 같이 열정이 있었다. 자신의 적성에 맞는 공부를 한다면 열정과 기쁨이 저절로 나타난다. 그러나 부귀와 권위만 생각하고 하는 공부는 수고롭기만 하다.

"배우기만 하고 생각하지 않으면 얻는 것이 없고, 생각하기만 하고 배우지 않으면 위태롭다."[8]

자신이 알고 있는 것을 실행해본 후에 그것이 합당한 일인지를 생각해봐야 하고, 자신이 합당한 일이라고 생각한 일은 즉시 실천에 옮겨서 자신의 것으로 만드는 것이 진정한 공부다.

---

7  葉公이 問孔子於子路어늘 子路不對한대 子曰 女奚不曰 其爲人也
   섭공    문공자어자로    자로부대    자왈  여해불왈 기위인야
   發憤忘食하고 樂以忘憂하여 不知老之將至云爾오.   제7 술이 18장
   발분망식      낙이망우      부지로지장지운이

8  子曰 學而不思則罔하고 思而不學則殆니라.   제2 위정 15장
   자왈 학이불사즉망      사이불학즉태

# 소극적이면 나아가게 하고 진취적이면 물러나게 하다

"마을의 풍습이 인한 곳이 아름다운 곳이다. 인한 곳을 선택하여 살지 않으면 어찌 지혜로운 사람이라 하겠느냐?"⁹ 이를 실천한 이가 있었으니 바로 맹자■의 어머니다. '맹모삼천지교 孟母三遷之敎'는 맹자의 어머니가 아들의 교육을 위해 세 번이나 이사를 했다는 고사성어로, 주위 환경이 교육에 중요한 영향을 준다는 뜻이다.

사람은 누구나 남들보다 잘하는 게 있으면 못하는 것도 있게 마련이므로 교육도 재능에 따라 이루어져야 한다. "태어날 때부터 아는 사람은 상급이며, 배워서 아는 사람은 그다음이고, 어려움을 겪으면서 배우는 사람은 또 그다음인데, 어려움을 겪으면서도 배우지 않으면 하급이다."¹⁰ 태어날 때부터 어떤 분야에 탁월한 능력을 갖고 태어나는 사람이 있다. 이들은 전문적이고 특별한 교육을 받아 우수한 인재가 되지만 이러한

■ 맹자
이름은 가軻이며, 자는 자여子輿 또는 자거子車이다. 중국 전국시대의 유교 사상가로 공자의 유교 사상은 증자와 자사子思(공자의 손자)를 통하여 맹자에게 이어진다. 성선설과 왕도정치를 주장했다.

사람은 지극히 극소수에 불과하다.

"많은 기술자들은 공장에서 자신의 일을 이루고, 군자는 배워서 자신의 도를 이룬다."[11] 자하의 말처럼 사람들은 배우고 직접 익히면서 발전한다.

공자는 자신은 탁월한 능력을 갖고 태어난 것이 아니라 다만 자신이 즐겁게 노력할 수 있는 일을 찾아서 열심히 성실하게 노력했다고 말했다. "나는 태어나면서부터 알고 있는 사람이 아니라 옛것을 좋아하여 열심히 찾아 배운 것이다."[12] 자신의 적성을 찾아 그 분야에서 전문가가 되도록 성실하게 노력하면 최고가 될 수 있을 것이다.

또 공자는 "사람들에게 원리를 따르게 할 수는 있지만 그 원리를 알게 할 수 없다"[13]고 했는데, 모든 분야에서 전문가가 될 필요는 없다. 자신의 전문 분야가 아닌 분야에서는 상식 정도로만 알고 있어도 좋다는 의미다.

"싹이 돋았어도 꽃을 피우지 못하는 것이 있고, 꽃이 피었어도 열매를 맺지 못하는 것이 있다."[14] 자신의 재능을 알아내

9  子曰 里仁이 爲美하니 擇不處仁이면 焉得知리오. 제4 이인 1장
   자 왈 이 인    위 미    택 불 처 인    언 득 지

10 孔子曰 生而知之者는 上也요 學而知之者는 次也요 困而學之又其次
   공 자 왈 생 이 지 지 자    상 야    학 이 지 지 자    차 야    곤 이 학 지 우 기 차
   也니 困而不學이면 民斯爲下矣니라. 제16 계씨 9장
   야    곤 이 불 학    민 사 위 하 의

11 子夏曰 百工이 居肆하여 以成其事하고 君子學하여 以致其道니라.
   자 하 왈 백 공    거 사    이 성 기 사    군 자 학    이 치 기 도
   제19 자장 7장

12 子曰 我非生而知之者라 好古敏以求之者也로라. 제7 술이 19장
   자 왈 아 비 생 이 지 지 자    호 고 민 이 구 지 자 야

갈고닦는다면 기쁨을 누릴 수 있지만, 정상에 오르기는 쉽지 않다는 것을 말한 것이다.

공자는 제자의 적성과 재능과 장단점을 파악하여 그에 맞는 가르침을 준 이상적인 스승이었다. 공자는 자로가 비파를 힘차고 용맹하게 연주했지만 조화를 이루지 못하자 "어찌 자로의 비파 연주 소리가 내 집 안에서 들리는가?" 하고 말했다. 이 말을 듣고 제자들이 자로를 공경하지 않자 공자가 말했다. "자로의 연주 실력은 마루에 올랐지만 아직 방 안에 들어오지 못했을 뿐이다."15

또 진취적인 제자 자로와 소극적인 제자 염유가 같은 질문을 했으나 대답을 달리함으로써 다른 가르침을 주었다. 자로가 "옳은 말을 들으면 바로 실행해야 합니까?" 하고 물었을 때 공자는 "부모와 어른들이 계시니 어떻게 바로 실행에 옮길 수 있느냐?"고 대답했다. 하지만 염유가 같은 질문을 했을 때는 "들으면 바로 실행해야 한다"고 대답했다. 이를 보고 공서화가 물었다. "자로의 물음에는 부모와 어른들이 계시니 바로

---

13  子曰 民은 可使由之요 不可使知之니라.  제8 태백 9장
   자 왈 민    가 사 유 지    불 가 사 지 지

14  子曰 苗而不秀者 有矣夫며 秀而不實者 有矣夫인저.  제9 자한 21장
   자 왈 묘 이 불 수 자  유 의 부   수 이 불 실 자  유 의 부

15  子曰 由之瑟을 奚爲於丘之門고 門人이 不敬子路한대 子曰 由也는 升
   자 왈 유 지 슬   해 위 어 구 지 문    문 인   불 경 자 로    자 왈 유 야   승
   堂矣요 未入於室也니라.  제11 선진 14장
   당 의   미 입 어 실 야

실행하면 안 된다고 하셨는데, 염유의 물음에는 바로 실행해
야 한다고 하시니 저는 이해할 수 없습니다." 그러자 공자가
말했다. "염유는 소극적이어서 나아가게 한 것이고, 자로는
너무 진취적이어서 물러나게 한 것이다."[16]

이처럼 공자는 제자들 각각의 능력과 적성을 파악하여 같은
질문을 받아도 사람에 맞게 답을 주었다. 이러한 공자의 모습
은 중용에 이르고, 권도를 행하는 교육자의 참모습이다.

재여가 낮잠 자는 모습을 보고 공자가 말했다. "썩은 나무는
조각하는 데 쓸 수 없고 거름으로 쓸 흙으로 쌓은 담장은 흙손
질할 수가 없다. 재여를 꾸짖어서 무엇하겠는가? 처음에 나는
남을 판단할 때 그의 말을 듣고 그의 행실을 믿었는데, 지금
나는 남을 판단할 때 그의 말을 듣고 다시 그 사람의 행실을
살피게 되었다. 나는 재여 때문에 이것을 고치게 되었다."[17]
공자와 같은 위대한 스승도 선입견을 버리고 사람의 행실을
직접 관찰하여 그 사람을 정확하게 판단한 후에 가르쳤고, 자
신의 배움도 게을리하지 않았다.

敢 감히 감
退 물러날 퇴

---

16  子路問 聞斯行諸잇가 子曰 有父兄在하니 如之何其聞斯行之리오 冉
   자로문 문사행저    자왈 유부형재      여지하기문사행지      염
   有問 聞斯行諸잇가 子曰 聞斯行之니라 公西華曰 由也問聞斯行諸어늘
   유문 문사행저    자왈 문사행지    공서화왈 유야문문사행저
   子曰 有父兄在라 하시고 求也問聞斯行諸어늘 子曰 聞斯行之라 하시니
   자왈 유부형재      구야문문사행저    자왈 문사행지
   赤也惑하여 敢問하노이다 子曰 求也는 退故로 進之하고 由也는 兼人
   적야혹      감문      자왈 구야 퇴고   진지      유야   겸인
   故로 退之니라.  제11 선진 21장
   고   퇴지

"내가 아는 것이 있는가? 나는 아는 것이 없다. 그러나 비천한 사람이 나에게 무엇을 묻는다면, 그가 아무리 어리석더라도 나는 예를 들어서 다 말해주겠다."[18] 배움에 대해 능동적인 사람은 알기 위해 애태우고, 부족한 부분이 있으면 채우려고 분발한다. 또 하나를 가르쳐주면 그것을 토대로 다른 것을 생각하려고 한다. 왜냐하면 자신의 적성에 맞는 일을 할 때는 자발적이며 능동적인 모습을 보이기 때문이다.

"알기 위해 분발하지 않으면 이끌어주지 않으며, 애쓰는 모습을 보이지 않으면 말해주지 않고, 한 모퉁이를 들어 설명해주었는데 그것을 근거로 나머지 세 모퉁이를 반증하지 못하면 다시 가르쳐주지 않았다."[19] 공자가 알려준 한 모퉁이 지식은 이전부터 내려오면서 점점 발전한 지혜였다. 옛것을 알게 되면 그것과 연관하여 새로운 것을 알게 된다.

晝 낮 주
寢 잠잘 침
雕 새길 조
糞 더러운 것을 제거할 분
墻 담 장
鄙 어리석을 비
端 바를 단
竭 다할 갈

17  宰予晝寢이어늘 子曰 朽木은 不可雕也요 糞土之墻은 不可杇也니 於
    재 여 주 침        자 왈 후 목   불 가 조 야   분 토 지 장    불 가 오 야   어
    予與에 何誅리오. 子曰 始吾於人也에 聽其言而信其行이러니 今吾於
    여 여    하 주     자 왈 시 오 어 인 야  청 기 언 이 신 기 행         금 오 어
    人也에 聽其言而觀其行하노니 於予與에 改是로라.  제5 공야장 9장
    인 야  청 기 언 이 관 기 행        어 여 여   개 시

18  子曰 吾有知乎哉아 無知也로라 有鄙夫問於我호되 空空如也라도 我
    자 왈 오 유 지 호 재   무 지 야    유 비 부 문 어 아   공 공 여 야       아
    叩其兩端而竭焉하노라.  제9 자한 7장
    고 기 양 단 이 갈 언

19  子曰 不憤이어든 不啓하며 不悱어든 不發호되 擧一隅에 不以三隅
    자 왈 불 분       불 계     불 비     불 발       거 일 우   불 이 삼 우
    反이어든 則不復也니라.  제7 술이 8장
    반         즉 불 부 야

# 옛것을 익히고 새로운 것을 알면 스승이 될 수 있다

"옛것을 익히고 새로운 것을 알면 스승이 될 수 있다."[20] 역사는 사계절이 순환하는 것처럼 반복하는 특징이 있어서 현재의 문제를 해결할 수 있는 열쇠를 쥐고 있다. 그렇기 때문에 과거의 것을 바로 알게 되면 새로운 것을 알 수 있게 된다.

시간은 잠시도 멈추지 않고 흐르는 물처럼 지나간다. 공자도 시냇가에서 물 흐르는 것을 보고 덧없이 흘러가는 세월에 대해 말했다.

"세상일이 진행되는 것이 물이 흘러가는 것과 같구나. 밤낮을 쉬지 않고 흘러가는구나!"[21]

또 꿈속에서 자신이 존경하는 주공을 만나지 못하자 자신의 노쇠함에 대해 한탄했다.

"심하구나! 나의 쇠약함이여! 나는 오래도록 꿈속에서 주공을 뵙지 못했구나!"[22]

공자는 유학의 창시자이지만, 유학의 모든 내용을 창작하지는 않았다. 다만 예전부터 내려오던 사상을 자신이 편집하고 정리하여 체계화했다.

"옛것을 전달하기만 하고 창작하지 않았으며, 옛것을 믿고 좋아했다."[23]

유학의 개념들은 《시경》, 《서경》, 《역경》 등에 모두 들어 있었는데, 공자가 필요한 부분은 보완하고 필요 없는 부분은 삭제하며 체계적으로 정리하여 집대성한 학문이 유학이다. 공자는 과거의 지식과 경험들을 바탕으로 새로운 것을 알아간 것이다. 공자처럼 조상들의 지혜를 본받아 새로운 것을 알아가야 한다.

"공자는 평소에 《시경》, 《서경》과 '예를 지키는 것'을 늘 말했다."[24]

특히 《시경》을 공부하도록 권장했다.

"너희들은 왜 시를 배우지 않느냐? 시는 감흥을 느낄 수 있고, 정치의 득실을 관찰할 수 있으며, 사람들과 조화를 이룰

새로운 것만 좋아하지 말고 옛것도 익혀야 큰 사람이 된단다

20  子曰 溫故而知新이면 可以爲師矣니라.  제2 위정 11장
    자 왈 온 고 이 지 신      가 이 위 사 의

21  子在川上曰 逝者如斯夫인저 不舍晝夜로다.  제9 자한 16장
    자 재 천 상 왈 서 자 여 사 부      불 사 주 야

22  子曰 甚矣라 吾衰也여 久矣라 吾不復夢見周公이로다.  제7 술이 5장
    자 왈 심 의   오 쇠 야   구 의   오 불 복 몽 견 주 공

23  子曰 述而不作하며 信而好古라.  제7 술이 1장
    자 왈 술 이 부 작      신 이 호 고

24  子所雅言은 詩書執禮 皆雅言也러시다.  제7 술이 17장
    자 소 아 언   시 서 집 례 개 아 언 야

■ 그것
원문은 소도小道이다. 농사, 의
술 등의 작은 기술을 말한다.

邇 가까울 이
獸 짐승 수

수 있고, 이치에 맞게 원망을 할 수 있으며, 가까이는 어버이
를 섬길 수 있고, 멀리는 임금을 섬길 수 있으며, 새와 짐승,
풀과 나무의 이름을 많이 알게 한다."25

유학은 요순시대부터 공자까지 이르렀다. 주공은 공자와 가
장 가까운 시대의 사람으로 공자는 주공을 존경했으며, 주공
의 경험을 통하여 공부하려고 했다. 공자를 봐도 알 수 있듯이
선배, 스승, 부모의 경험을 통해서 과거를 바로 알 수 있다. 변
화에 적응하기 위해서는 과거의 사람들이 그 변화를 이겨낸
방법을 배워야 한다.

자하는 "비록 작은 기술이나 재주라도 반드시 드러나 보일
수 있다. 그러나 그것만 하다가 원대함에 이르는 데 장애가 될
까 두려운 것이다. 이러한 이유 때문에 군자는 그것■을 하지
않는 것이다"26고 말했다. 선인들의 지식을 습득하고 관심 분
야를 집중적으로 공부하면서 그 이외의 것들은 폭넓게 알아가
야 한다.

---

25 子曰 小子는 何莫學夫詩오 詩는 可以興이며 可以觀이며 可以群이며
　　자왈　소자　　하막학부시　시　　가이흥　　　가이관　　　가이군
　可以怨이며 邇之事父며 遠之事君이요 多識於鳥獸草木之名이니라.
　가이원　　　이지사부　　원지사군이요　다식어조수초목지명
　　제17 양화 9장

26 子夏曰 雖小道나 必有可觀者焉이어니와 致遠恐泥라 是以로 君子不
　　자하왈　수소도　　필유가관자언　　　치원공니　시　이　　군자불
　爲也니라.　　제19 자장 4장
　위　야

# 아랫사람에게 묻는 것을 부끄러워하지 않다

　예전에 스승과 제자의 관계는 부자만큼이나 각별했다. 그때는 지금처럼 스승과 제자가 한 해를 같이 지내고 다음 해가 되면 헤어지는 체계가 아니었기 때문에 가능했을 수도 있다. 또 스승이 제자를 가르치기만 하지 않았다. 스승과 제자는 서로 배우고 함께 학문을 실천해 나갔다. 물론 스승이 제자에게 학문을 교육했지만, 스승은 학생을 가르치면서 자신의 공부에 더욱 정진했다.

　공자에게 그러한 제자는 안연이었다. "안연은 나를 돕는 자가 아니구나. 내 말에 기뻐하지 않는 것이 없구나."[27] 공자는 자신이 가르친 것을 바로 알아듣고 실천하는 안연을 보며 기뻐했으나, 한편으로 안연이 자신의 말을 무조건 따르는 것을 경계했다. 공자 자신의 잘못을 알지 못할까봐 걱정한 것이다.

　안연이 젊은 나이에 죽자 공자는 몹시 슬퍼했다. 공자가 안

■ 애공

노나라 정공定公의 아들로 성은 희姬, 이름은 장蔣이다. 당시 노나라는 맹손씨·숙손씨·계손씨 등의 세 대부 세력이 강했다. 나라 안에서는 삼환씨가 노나라의 경제권과 군사력을 장악했고, 나라 밖에서는 오나라·제나라가 공격해 국력이 약했다. 월나라의 도움으로 삼환씨를 제거하려다 오히려 왕위에서 쫓겨나 죽었다.

연이 죽은 것을 너무 슬퍼하며 구슬프게 울자 공자를 모시는 사람이 말했다. "선생님, 지나치게 애통해하십니다." 그러자 공자가 말했다. "내가 지나치게 애통해하느냐? 내가 안연을 위해 애통해하지 않으면 누구를 위해 애통해하겠느냐?"28

제후 애공▪이 학문을 좋아하는 제자에 대해 물었을 때도 공자는 안연에 대해 말했다. "제자 안연이 학문을 좋아했습니다. 화난 일이 있어도 남에게 옮기지 않고 잘못을 두 번 하지 않았는데, 불행하게도 명이 짧아 죽었습니다. 지금은 그러한 사람이 없습니다. 그 뒤로 저는 학문을 좋아하는 사람이 있다는 말을 듣지 못했습니다."29

혈연관계인 부모 자식과 달리 스승과 제자는 학문적 교감으로 이루어진 관계다. 과거에 제자는 스승의 학문을 이어나갔기 때문에 스승은 제자에게 자식과 같은 사랑을 베풀었다. 따라서 배우는 사람이 부자이건 가난하건 차등을 두지 않았다. "교육을 할 때 절대 빈부와 귀천 등으로 차별을 두어서는 안 된다."30

공자님 말씀,
교육은 평등하게

27 子曰 回也는 非助我者也로다 於吾言에 無所不說이온여. 제11 선진 3장
자 왈 회 야 비 조 아 자 야 어 오 언 무 소 불 열

28 顔淵이 死어늘 子哭之慟하신대 從者曰 子慟矣시니이다 曰 有慟乎아
안 연 사 자 곡 지 통 종 자 왈 자 통 의 왈 유 통 호
非夫人之爲慟이요 而誰爲리오. 제11 선진 9장
비 부 인 지 위 통 이 수 위

29 哀公이 問 弟子孰爲好學이니잇고 孔子對曰 有顔回者好學하여 不遷
애 공 문 제 자 숙 위 호 학 공 자 대 왈 유 안 회 자 호 학 불 천
怒하며 不貳過하더니 不幸短命死矣라 今也則亡하니 未聞好學者
노 불 이 과 불 행 단 명 사 의 금 야 즉 망 미 문 호 학 자
也니이다. 제6 옹야 2장
야

제자가 스승의 가르침을 잘 이해하고 열심히 실천하는 것도 스승의 의욕을 고무시키는 일이다. 그리고 제자가 스승과 다른 의견을 보임으로써 스승이 다른 관점에서 생각해볼 수 있는 기회를 만들어 주는 것 또한 스승의 학구열을 높이는 일이다. 스승은 다른 의견을 보인 제자의 주장이 옳다면 받아들일 줄 아는 마음가짐을 가져야 한다.

공문자의 시호에 관해 자공과 공자가 나눈 대화에서 그 의미를 알 수 있다. "왜 공문자▪의 시호가 문文입니까?" 공자가 말했다. "머리가 명석하고 배우기를 좋아하며 아랫사람에게 묻는 것을 부끄러워하지 않았기 때문에 문이라는 시호를 받은 것이다."31 스승과 제자 사이의 활발한 교류 속에서도 온고지신이 이루어질 수 있다.

"배우고 그것을 수시로 익히면 기쁘지 아니한가? 뜻을 같이 하는 벗이 먼 곳에서 찾아오니 즐겁지 아니한가? 사람들이 알아주지 않더라도 서운해하지 않는다면 군자가 아니겠는가?"32

직업이 선생님인 사람은 평생 공부해야 하기 때문에 자신의

---

30  子曰 有敎면 無類니라.  제15 위령공 38장
　　자 왈 유 교　　무 류

31  子貢이 問曰 孔文子를 何以謂之文也잇고 子曰 敏而好學하며 不恥下問
　　자공　　문 왈 공문자　　하 이 위 지 문 야　　　자 왈 민 이 호 학　　　불 치 하 문
이라 是以로 謂之文也니라.  제5 공야장 14장
　　　시 이　　위 지 문 야

32  子曰 學而時習之면 不亦說乎아 有朋이 自遠方來면 不亦樂乎아
　　자 왈 학 이 시 습 지　　불 역 열 호　　유 붕　　자 원 방 래　　불 역 락 호
人不知而不慍이면 不亦君子乎아.  제1 학이 1장
인 부 지 이 불 온　　불 역 군 자 호

학문이 고여 있는 물이 되어서는 안 된다. 자신의 주장을 고수하되 새로운 의견이 나오면 살필 줄 알아야 한다. 공자는 선생의 위치는 항상 배움과 가르침이 공존하고 있음을 중요하게 생각했다. "묵묵히 기억하여 마음에 간직하고, 배우면서 싫증 내지 않고, 남을 가르칠 때 게을리하지 않는 일들을 나는 제대로 하지 못하고 있다."[33]

입시 위주의 교육 풍토가 만연해 있는 탓에 요즘 선생님들은 예전만큼 존경받지 못하지만, 선생님이란 직업은 학문을 전수하는 가치 있는 일임에는 변함이 없다.

33 子曰 默而識之하며 學而不厭하며 誨人不倦이 何有於我哉오.  제7 술이 2장
　　자왈 묵이식지　　학이불염　　회인불권　　하유어아재

# 하나의 이치로 모든 것을 꿰뚫어보다

넓은 의미의 예는 풍속이나 습관으로 만들어진 법칙, 도덕 규범 등 사람이 마땅히 지켜야 할 도리를 말한다. 그뿐만 아니라 예식과 예법, 공식이나 해법 등의 의미도 가지고 있다. 따라서 수학의 공식도 예법의 하나라고 할 수 있다.

예의 의미는 깊고 넓지만 그 형식은 간단한 것처럼 수학 공식의 원리는 복잡하지만 그 공식은 간단하다. 만약에 공식이 없다면 공식을 만들어 가는 복잡하고 긴 과정을 모든 문제를 풀 때마다 해야 하는 번거로움이 있다. 수학 공식은 물리와 화학에도 쓰이는데, 다양한 과목들을 연결해주는 것이 바로 공식들이다.

"도에 뜻을 두고, 덕에 근거하여, 인에 의지하고, 예에서 노닌다."[34] 도, 덕, 인을 항상 실천하려고 노력해야 하지만 이 세 가지 덕목은 예로써 절제·조화하고 예에 맞게 실행해야 한다

는 뜻이다.

안연이 말했다. "선생님께서는 차근차근 사람을 잘 이끌어
주신다. 학문으로 나의 지식을 넓혀 주시고, 예로써 나의 행동
을 단속해주신다."35

한편 진강■은 공자가 제자들보다 아들 백어를 편애하는지
궁금해서 백어에게 물었다. "그대는 선생님께 남들과 다르게
특별한 가르침을 들은 적이 있는가?"

백어가 대답했다. "그런 적이 없습니다. 언젠가 아버님께서
홀로 서 계실 때 내가 종종걸음으로 뜰을 지나가는데, 아버님
께서 '시를 배웠느냐?'고 물으시기에 '아직 배우지 못했습니
다' 하니, '시를 배우지 않으면 말을 할 수가 없다'라고 말씀하
셨습니다. 그래서 나는 물러나와 시를 배웠습니다. 다른 날 홀
로 서 계시기에 종종걸음으로 뜰을 지나가는데, 아버님께서
'예를 배웠느냐?'고 물으시기에 '아직 배우지 못했습니다'라
고 대답하니, '예를 배우지 않으면 설 수가 없다'라고 하셔서
나는 물러나와 예를 배웠습니다. 나는 이 두 가지만 들었습니

---

**34** 子曰 志於道하며 據於德하며 依於仁하며 游於藝니라. 제7 술이 6장
　　자왈 지어도　　거어덕　　의어인　　유어예

**35** 夫子循循然善誘人하사 博我以文하시고 約我以禮하시니라. 제9 자한 10장
　　부자순순연선유인　　박아이문　　약아이례

다." 백어의 말을 들은 진강은 물러나와 기뻐하면서 말했다.

"나는 하나를 물어보아 세 가지를 얻었다. 시를 듣고 예를 들었으며, 또 군자가 그 아들을 다른 제자들보다 가까이하지 않고 멀리하는 것을 들었다."[36]

시는 다양하고 폭넓은 공부를 할 수 있게 하며, 예는 그것을 실제 생활에 접목하는 행위다.

"군자가 지식을 광범위하게 배우고, 예로써 요약하면 도에서 벗어나지 않는다."[37]

지식은 이론적인 것이고, 예는 실천적인 것이다. 넓게 배우는 것은 이론적으로만 배워도 되지만, 요약하는 것은 자신이 반드시 몸으로 실천하여 자기의 것으로 만들어야 기억할 수 있는 것이다.

공자가 자공에게 물었다.

"사야, 너는 내가 많이 배우고 그것을 기억하는 사람이라고 생각하느냐?"

"그렇습니다. 아닙니까?"

趨 빨리 걸을 추
喜 기뻐할 희
博 넓을 박
畔 배반할 반

---

36 陳亢이 問於伯魚曰 子亦有異聞乎아 對曰 未也로라 嘗獨立이어시늘
　　진강　문어백어왈　자역유이문호　대왈　미야　　상독립
鯉趨而過庭이러니 曰 學詩乎아 對曰 未也로이다 不學詩면 無以言이라
리추이과정　　　왈 학시호　대왈 미야로이다　불학시　무이언
하여시늘 鯉退而學詩호라 他日에 又獨立이어시늘 鯉趨而過庭이러니
　　　　리퇴이학시호라　타일　우독립　　　　리추이과정
曰 學禮乎아 對曰 未也로이다 不學禮면 無以立이라 하여시늘 鯉退而
왈 학례호　대왈 미야　　　불학례　무이립　　　　　리퇴이
學禮호라 聞斯二者로라 陳亢이 退而喜曰 問一得三호니 聞詩聞禮하고
학례호라　문사이자　　진강　퇴이희왈 문일득삼　문시문례
又聞君子之遠其子也로라. 제16 계씨 13장
우문군자지원기자야

37 子曰 博學於文이요 約之以禮면 亦可以弗畔矣夫인저. 제6 옹야 25장, 제12 안연 15장
　　자왈 박학어문　　약지이례　　역가이불반의부

"아니다. 나는 하나의 이치로 모든 일을 꿰뚫어본다."38 ■

수학을 잘하는 사람이 물리와 화학도 잘하는 경우가 대부분이고, 한 가지 운동을 잘하는 사람이 다른 운동도 쉽게 배운다. 공자의 말처럼 한 가지를 통달하면 나머지 것도 쉽게 이해하고 접근할 수 있게 된다.

《논어》는 옳고 그름과 선악을 파악하여 올바르게 사는 방법을 설명하고 있는 이성적인 학문이다. 그 때문에 명쾌하고 깔끔한 면이 있지만, 다소 딱딱하고 지루한 면도 있다. 그것은 감성(감수성)을 억누르는 면 때문이다. 청소년 시기에는 감성이 발달하고, 성장할수록 시행착오를 겪으며 이성이 발달한다. 그래서 어른들은 자신의 경험을 토대로 자식이나 아랫사람을 가르치려고 한다. 하지만 감수성이 강한 사람에게 이성적인 방법으로만 가르치려고 하는 것은 옳지 않다.

공자도 감수성이 풍부한 인물이다. 공자가 제나라에 머무를 때에 순임금이 만든 음악을 듣고 삼 개월 동안 고기 맛을 모를 정도로 심취하여 소악에 대해 말했다. "음악을 하는 것이 이

---

38 子曰 賜也아 女以予爲多學而識之者與아 對曰 然하이다 非與잇가 曰
　　자왈　사야　여이여위다학이식지자여　　　대왈　연　　　　비여　　　왈
非也라 予는 一以貫之니라. 제15 위령공 2장
비야　여　일이관지

러한 경지에 이를 줄은 생각하지 못했다."³⁹

　팝송이나 영화 대본 등으로 영어를 가르치는 것이 바로 감성을 활용한 방법이다. 주입식 교육 방법보다는 감성을 일깨우는 교육 방법이 더 효과적일 수 있다. 공자도 그러한 방법에 대해 일찌감치 말했다. "시에서 선한 감정을 일깨우고, 예로써 도의 방법을 터득하고, 음악에서 인격을 완성시킨다."⁴⁰ 이성과 감성이 중용을 이루면 가장 좋은 교육이 된다는 말이다.

　공자가 순임금의 음악에 대해서는 "아름다움을 다했고 선함을 다했다"고, 무왕의 음악에 대해서는 "아름다움은 다했지만 선함을 다하지는 못했다"⁴¹고 평가했다. 감성을 자극하는 음악이 교육적으로 중용을 이룰 때 기대 이상의 효과를 낸다. 감성을 통한 교육은 배우는 사람도 가르치는 사람도 즐겁게 하기 때문이다.

---

39　子在齊聞韶하시고 三月을 不知肉味하사 日 不圖爲樂之至於斯也호라.
　　　자 재 제 문 소　　　삼 월　　부 지 육 미　　　왈　부 도 위 악 지 지 어 사 야
　　제7 술이 13장

40　子曰 興於詩하며 立於禮하며 成於樂이니라.　　제8 태백 8장
　　　자 왈 흥 어 시　　입 어 례　　성 어 악

41　子謂韶하사되 盡美矣요 又盡善也라 하시고 謂武하사되 盡美矣요 未盡
　　　자 위 소　　　진 미 의　　우 진 선 야　　　　　위 무　　　진 미 의　　미 진
　　善也라 하시다.　　제3 팔일 25장
　　　선 야

論語

# 제 9장

# 실천하는 리더를 말하다

리더가 올바르면 저절로 일이 행해진다

순임금과 탕임금처럼 인재를 등용하라

천하를 소유하고서도 사사로이 관여하지 않다

리더의 허물은 일식과 같다

"사사로운 뜻이 없었고, 반드시 해야 하는 것이 없었고,
집착이 없었고, 이기심이 없었다."

"빨리 성과를 내려고 하면 제대로 달성하지 못하고,
작은 이익을 얻으려고 하면 큰일을 이루지 못한다."

# 리더가 올바르면 저절로 일이 행해진다

리더는 조직이나 단체 등에서 전체를 이끌어가는 위치에 있는 사람이다. 리더는 구성원들이 자발적으로 집단 활동에 참여하여 목표를 달성하도록 유도하고, 집단 구성원들이 조화를 이루도록 하는 능력이 있어야 한다. 이러한 능력을 리더십이라고 하는데, 리더십이 있는 리더는 자신이 솔선수범한다.

공자는 제자 자로가 정치하는 것을 물었을 때 "솔선수범하며, 부지런해야 한다"[1]고, 계강자가 정치에 관한 일을 물었을 때도 "정치라는 것은 바로잡는다는 뜻이니, 제후께서 바르게 솔선수범한다면 누가 감히 바르게 하지 않겠습니까?"[2] 하고 말했다.

정치 지도자나 조그만 단체의 지도자가 갖추어야 할 리더십은 다를 것이 없다. 정치가는 국민들이 인간다운 삶을 영위하게 하고, 상호 간의 이해를 조정하며, 사회 질서를 바로잡는

따라와! 어서!

솔선수범하면 알아서 간다

역할을 한다. 정치라는 용어는 국가라는 큰 틀에서 쓰이지만, 주변의 소소한 모임이나 단체활동도 정치라고 볼 수 있다. 따라서 《논어》에 나오는 정치에 관련된 말은 모두 리더십에 관련된 내용이라고 볼 수 있다.

지도자의 자리에 있는 자가 말만 앞서고 실천하지 않으면 아무도 그를 따르려 하지 않으므로 리더는 항상 언행일치에 신경써야 한다. 리더가 말보다는 실천을 먼저 하면 단체 구성원들에게 신뢰감을 주게 되고, 단체 구성원이 아닌 사람에게는 선망의 대상이 된다. 리더 자신부터 바르게 행동해야지만 구성원들이 따른다.

섭공이 정치를 묻자, 공자는 "가까이에 있는 사람들을 기뻐하게 하며, 멀리 있는 사람들을 오게 하는 것입니다"[3]고 대답했다. 리더는 개성이 있는 사람들이 모여 있는 단체 내에서 구성원들의 이해관계를 조정하고, 그 조직이 만들어진 목적이 이루어질 수 있도록 이끌어갈 수 있는 능력이 있어야 한다. 단체의 구성원들이 지도자의 결정에 따라 합심하여 일을 할 때,

---

1  子路問政한대 子曰 先之勞之니라. 제13 자로 1장
   자 로 문 정      자 왈 선 지 로 지

2  季康子問政於孔子한대 孔子對曰 政者는 正也니 子帥以正이면 孰
   계 강 자 문 정 어 공 자     공 자 대 왈 정 자   정 야    자 수 이 정      숙
   敢不正이리오. 제12 안연 17장
   감 부 정

3  葉公이 問政한대 子曰 近者說하며 遠者來니라. 제13 자로 16장
   섭 공   문 정      자 왈 근 자 열    원 자 래

그 단체는 성공적인 조직이 된다.

정공"이 물었다. "한마디 말로 나라를 흥하게 할 수 있다고 하는데 과연 그런 말이 있습니까?"

"말이라는 것은 결과를 예측할 수 없는 것입니다. 사람들이 '임금 노릇하기도 어려우며, 신하 노릇하기도 쉽지 않다'고 말합니다. 만일 임금 노릇하기가 어렵다는 것을 안다면, 한마디 말로 나라를 흥하게 하는 것을 예측할 수 있지 않겠습니까?"

"한마디 말로 나라를 망하게 할 수 있다고 하는데 과연 그런 말이 있습니까?"

"(조금 전에 말씀드린 것과 같이) 말이라는 것은 그 정도로 효과를 예측할 수 없는 것입니다. 사람들이 '나는 임금이 된 것이 즐거운 것이 아니라, 내가 말을 하면 사람들이 어기지 않는 것이 즐겁다'고 합니다. 임금의 말이 선하여 어기는 사람이 없으면 좋지 않겠습니까? 그런데 임금의 말이 선하지 못한데 어기는 사람이 없으면 한마디 말로 나라를 망하게 하는 것을 예측할 수 있지 않겠습니까?"4

■ 정공
노나라 임금으로 이름은 송宋이며, 애공의 아버지다. 공자를 중용重用(중요한 자리에 임용됨)했다.

興 일어날 흥
幾 기약할 기
喪 죽을 상

---

4 定公이 問 一言而可以興邦이라 하니 有諸잇가 孔子對曰 言不可以若
　정공　문 일언이가이흥방　　　유저　　　공자대왈 언불가이약
是其幾也어니와 人之言曰 爲君難하며 爲臣不易라 하나니 如知爲君之
시기기야　　　　인지언왈 위군난　　 위신불이　　　　 여지위군지
難也인댄 不幾乎 一言而興邦乎잇가 曰 一言而喪邦이라 하니 有諸잇가
난야　　 불기호 일언이흥방호　　 왈 일언이상방　　　　유저
孔子對曰 言不可以若是其幾也어니와 人之言曰 予無樂乎爲君이요 唯
공자대왈 언불가이약시기기야　　　　인지언왈 여무락호위군　　 유
其言而莫予違也라 하나니 如其善而莫之違也인댄 不亦善乎잇가 如不
기언이막여위야　　　　 여기선이막지위야　　 불역선호　　 여불
善而莫之違也인댄 不幾乎一言而喪邦乎잇가.　제13 자로 15장
선 이막지위야　　 불기호 일언이상방호

계강자가 도둑이 많은 것을 걱정하며 공자에게 그 대책을 묻자, 공자가 말했다. "만일 경께서 진실로 탐욕을 부리지 않는다면 상을 주면서 도둑질하라고 하더라도 백성은 도둑질하지 않을 것입니다."5

"정치하는 사람이 진실로 자신을 바르게 한다면 정치를 하는 데 무슨 어려움이 있겠는가? 자신을 바르게 하지 못하는 사람이 어찌 남을 바르게 할 수 있겠는가?"6

"자신이 올바르면 남에게 명령하지 않아도 일이 행해지고, 자신이 올바르지 않으면 남에게 명령을 하더라도 그들이 따르지 않는다."7

리더의 말과 행동이 사회규범이나 사리에 어긋나지 않고, 리더가 솔선수범하면 구성원은 자연히 리더를 따르게 되어 있다. 리더가 먼저 바르고 성실한 행동을 해야 한다는 뜻이다.

남의 의견을 수용하고, 자신의 의견을 주장하여 최선의 결론을 내리는 것은 일종의 예이다. "위에서 예를 좋아하면 백성을 부리기 쉽다."8 리더의 의견과 반대 의견을 가진 구성원

患 근심 환
盜 도둑질 도
賞 상줄 상
竊 훔칠 절

---

5 季康子患盜하여 問於孔子한대 孔子對曰 苟子之不欲이면 雖賞之라도
  계 강 자 환 도      문 어 공 자      공 자 대 왈   구 자 지 불 욕        수 상 지
  不竊하리라. 제12 안연 18장
  부 절

6 子曰 苟正其身矣면 於從政乎에 何有며 不能正其身이면 如正人何오.
  자 왈 구 정 기 신 의   어 종 정 호   하 유   불 능 정 기 신       여 정 인 하
  제13 자로 13장

7 子曰 其身이 正이면 不令而行하고 其身이 不正이면 雖令不從이니라.
  자 왈 기 신   정     불 령 이 행     기 신   부 정     수 령 부 종
  제13 자로 6장

8 子曰 上好禮則民易使也니라. 제14 헌문 44장
  자 왈 상 호 례 즉 민 이 사 야

도 있을 수 있다. 그러한 의견을 겸허하게 받아들이고, 함께 논의하여 단체를 올바른 방향으로 이끌어가는 것도 리더의 임무다. 리더는 구성원 중의 한 명으로 단체의 내부 질서를 바로잡고 외부와 접촉할 때에 대표로서 활동한다. 외부인은 리더의 도덕성과 실천 능력을 보고 그 단체를 판단하므로 리더는 감정에 치우치지 말고 구성원들을 이끌어야 한다. "합리적으로 절제하면서 실패한 사람은 드물다."9 리더의 가장 기본적인 덕목은 솔선수범이다.

---

9  子曰 以約失之者 鮮矣니라.  제4 이인 23장
자 왈 이 약 실 지 자 선 의

## 순임금과 탕임금처럼 인재를 등용하라

사사로움은 공적인 일을 할 때 개인적인 욕심이나 이익을 생각하는 것이다. 사사로움이 없으면 주변 상황을 고려하고 과욕을 부리지 않는다. 그러면 자연히 어떤 일에 대한 집착과 이기심이 사라진다.

인과 의를 가장 중요하게 생각하고, 충서의 마음으로 중용을 우선시했던 공자는 네 가지가 없었다. "사사로운 뜻이 없었고, 반드시 해야 하는 것이 없었고, 집착이 없었고, 이기심이 없었다."10

앞에서 남보다 가족을 먼저 위하고, 가까운 친구를 먼저 생각하는 것이 인을 실천하는 근본이라고 설명했는데, 이것을 사사로운 감정을 가지라는 뜻으로 이해해서는 안 된다. 사사로운 감정은 개인적인 욕심과 이기심으로 가득 차 있어서 다른 사람들에게 피해를 주거나 다른 사람의 기회를 빼앗기도

한다. 그러나 가까운 가족과 친구를 우선적으로 생각하는 것은
인을 가까운 곳에서부터 실천하고 확장해 나가라는 뜻이다.

리더는 사사로움에 사로잡혀 자신이 이끄는 단체를 이용해
자신에게 이득이 되는 일, 가족과 친구처럼 자신과 가까운 사
람에게 이익을 주는 일을 해서는 안 된다. 리더는 가족을 사랑
하고 신의가 있는 인간적인 사람이어야 한다. 가족을 사랑하
는 사람이어야 단체의 구성원들을 사랑할 수 있고, 신의가 있
는 사람이어야 단체의 구성원들에게 신의가 있는 행동을 할
수 있기 때문이다.

사람 사이에는 다툼이 있을 수 있는데 공자는 분쟁의 잘잘
못을 판단하기보다 아예 분쟁이 일어나지 않도록 하겠다고 했
다. "분쟁이 있을 때 그것을 판단하여 처리하는 것은 나도 다
른 사람과 다를 것이 없으나, 나는 반드시 사람들이 서로 분쟁
하는 일을 없도록 하겠다."[11] 신의가 있는 사람은 모든 일을
공정하게 처리하여 구성원 간에 분쟁이 일어나지 않게 한다.
각각의 구성원에게 동등한 기회를 주고, 그 성과를 이루게 하

---

10  子絶四러시니 毋意 毋必 毋固 毋我러시다.  제9 자한 4장
　　자 절 사　　　　무 의 무 필 무 고 무 아

11  子曰 聽訟이 吾猶人也나 必也使無訟乎인저.  제12 안연 13장
　　자 왈 청 송　 오 유 인 야　 필 야 사 무 송 호

기 때문이다.

공자는 각자의 능력에 맞도록 기회를 주는 리더의 안목에 관해 계강자에게 말했다. 계강자가 공자에게 물었다.

"중유는 정사를 맡아보게 할 만합니까?"

"유는 과단성이 있으니 정사를 맡아 일하는 데 무슨 어려움이 있겠습니까?"

"사는 정사를 맡아보게 할 만합니까?"

"사는 사리에 통달했으니 정사를 맡아 일하는 데 무슨 어려움이 있겠습니까?"

"구는 정사를 맡아보게 할 만합니까?"

"염구는 다재다능하니 정사를 맡아 일하는 데 무슨 어려움이 있겠습니까?"[12]

구성원의 능력을 알아보는 안목이 있는 사람이 단체의 리더가 되면, 그 단체는 화합하고 발전하게 된다. 아울러 구성원의 능력도 향상된다.

공자는 번지가 인에 대해 물었을 때는 "사람을 사랑하는 것

---

12  季康子問 仲由는 可使從政也與잇가 子曰 由也는 果하니 於從政乎에
    계 강 자 문   중 유   가 사 종 정 야 여   자 왈   유 야   과   어 종 정 호
    何有리오 曰 賜也는 可使從政也與잇가 曰 賜也는 達하니 於從政乎에
    하 유   왈 사 야   가 사 종 정 야 여   왈 사 야   달   어 종 정 호
    何有리오 曰 求也는 可使從政也與잇가 曰 求也는 藝하니 於從政乎에
    하 유   왈 구 야   가 사 종 정 야 여   왈 구 야   예   어 종 정 호
    何有리오.  제6 옹야 6장
    하 유

이다", 지혜로움에 대해 물었을 때는 "사람을 아는 것이다"라고 말했다. 번지가 이 말을 잘 알아듣지 못하자 공자가 말했다. "정직한 사람을 관리로 등용하여 그 밑에 부정한 사람을 이끌도록 하면 부정한 사람들을 정직하게 만들 수 있는 것이다." 번지가 물러나와서 자하에게 물었다. "조금 전에 선생님을 뵙고 지혜로움에 대해 여쭈었더니, 선생님께서는 '정직한 사람을 등용하여 그 밑에 부정한 사람을 이끌도록 하면 부정한 사람들을 정직하게 할 수 있다'고 하셨는데, 무슨 뜻일까?" 이 말을 듣고 자하가 말했다. "그 말씀이 풍부하시구나! 순임금이 천하를 다스리실 때 많은 사람들 중에서 고요를 등용하시니 인하지 못한 사람들이 사라졌고, 탕임금이 천하를 다스리실 때 많은 사람들 중에서 이윤을 등용하시니 인하지 못한 사람들이 사라졌다."13

리더는 조직의 노력으로 획득한 이익을 모든 구성원들의 이익으로 생각해야 하며, 명예 역시 모든 구성원들의 명예로 돌릴 줄 알아야 한다. 공자는 위나라 공자 형▪이 그러한 사람이

■ 위나라 공자 형
위나라 계찰季札이 말한 위나라의 여섯 군자 중 한 사람이다.

---

13  樊遲問仁한대 子曰 愛人이니라 問知한대 子曰 知人이니라 樊遲未
    번지문인          자왈 애인          문지    자왈 지인          번지미
    達이어늘 子曰 擧直錯諸枉이면 能使枉者直이니라 樊遲退하여 見
    달        자왈 거직착저왕        능사왕자직          번지퇴          견
    子夏曰 鄕也에 吾見於夫子而問知호니 子曰 擧直錯諸枉이면
    자하왈 향야    오견어부자이문지      자왈 거직착저왕
    能使枉者直이라 하시니 何謂也오 子夏曰 富哉라 言乎여 舜有天下에
    능사왕자직            하위야    자하왈 부재    언호    순유천하
    選於衆하사 擧皐陶하시니 不仁者遠矣요 湯有天下에 選於衆하사
    선어중      거고도        불인자원의    탕유천하    선어중
    擧伊尹하시니 不仁者遠矣니라.  제12 안연 22장
    거이윤        불인자원의

라고 말했다. "그는 집안 살림을 잘했다. 처음에 재산이 모였을 때는 '그런 대로 모아졌다'라고 했고, 다소 재산을 가지게 되었을 때는 '그런 대로 갖추어졌다'고 했으며, 부유해졌을 때는 '그런 대로 넘치는구나'라고 말했다."[14] 형과 같이 부와 명예와 직위 등에 사사로운 욕심이 없어야만 리더의 자질을 갖추었다고 할 수 있다.

리더가 될 사람은 솔선수범하고 충서의 마음을 지니고, 구성원 각자의 재능에 따라 사심이 없이 일을 맡길 수 있을 정도로 그릇이 큰 사람이어야 한다. 이러한 리더는 단체를 물이 흐르듯이 자연스럽게 이끌 수 있는 능력이 있는 사람이다.

---

14  子謂衛公子荊하사되 善居室이로다 始有에 日苟合矣라 하고 少有에 日
    자 위 위 공 자 형    선 거 실    시 유   왈 구 합 의      소 유   왈
苟完矣라 하고 富有에 日苟美矣라 하니라.  제13 자로 8장
구 완 의    부 유   왈 구 미 의

# 천하를 소유하고서도 사사로이 관여하지 않다

구성원들이 자발적으로 움직이는 조직은 리더가 아무 역할도 하지 않는 것처럼 보이기도 하는데, 이러한 리더의 모습을 '무위'라고 한다. 무위는 '없다'는 뜻의 '무無' 자와 '무엇을 하다'는 뜻의 '위爲' 자가 합쳐진 단어다.

무위는 인위적이거나 강제로 일을 하려고 하는 것이 아니라 물이 높은 곳에서 낮은 곳으로 흐르듯이 순리에 따르도록 하는 것을 뜻한다.

공자는 순임금을 예로 들어 설명했다. "억지로 하려고 하지 않고 자연스럽게 나라를 다스린 사람은 순임금이다. 어떻게 했을까? 단지 몸을 공손히 하고 바르게 남면■하고 계셨을 뿐이다."[15]

순임금은 고대 중국 왕조에서 나라를 잘 다스린 임금 중 한 명으로 꼽힌다. 그는 왕위에 오른 후에도 일반 백성처럼 살았

> ■ **남면**
> 임금이 앉던 자리의 방향을 말하며, 임금이 남쪽을 향하여 신하와 대면한 데서 유래했다. 남면출치南面出治라고도 하는데 임금의 자리에 오르거나 임금이 되어 나라를 다스림을 이르는 말이다.

■ **순임금**
요임금이 자신의 아들에게 왕
위를 물려주지 않고, 그에게
선양하여 임금이 되었다. 요
임금은 자신의 두 딸을 순에
게 시집보냈고, 그가 임금이
되기에 적합한 인물이지 판단
하기 위해 여러 차례 그를 시
험했다.

다. 순임금"의 아버지 고수는 부인이 죽은 후에 다시 결혼하
여 순임금의 이복형제 상象을 낳았다. 고수는 상을 편애하여
순임금을 죽이려고 했다. 효성이 지극한 순임금은 부모가 죄
를 짓지 않도록 하기 위해 자신이 부모 곁을 떠났다. 그 소문
을 듣고 요임금이 순임금을 후계자로 삼았다. 순임금은 왕위
에 즉위한 후 여러 신하들을 재능에 맞게 등용했으며 사방의
오랑캐를 정벌하고 회유하여 넓은 지역까지 통치했다.

순임금은 억지로 무엇을 하려고 하지 않았다. 다만 효를 몸
소 실천했고, 능력이 있는 관리들이 자연스럽게 공을 세울 수
있도록 도와주었을 뿐이다. 그러한 모습을 공자는 칭송했다.

"높고 위대하다! 순임금과 우임금은 천하를 소유하고서도
사사로이 관여하지 않으셨구나!"16

중국의 역사서 《사기》"에도 순임금에 대한 내용이 나와 있
다. "순임금께서 밭을 갈고 고기를 잡고 질그릇을 구웠는데,
그곳의 사람들은 밭의 경계를 서로 양보했고, 고기를 잡는 곳
을 서로 양보했으며, 질그릇이 일그러짐이 없었다." 순임금은

15　子曰 無爲而治者는 其舜也與 夫何爲哉시리오 恭己正南面而已矣
　　자왈 무위이치자　기순야여　부하위재　공기정남면이이의
시니라.　제15 위령공 4장

16　子曰 巍巍乎舜禹之有天下也而不與焉이여.　제8 태백 18장
　　자왈 외외호순우지유천하야이불여언

스스로 솔선수범할 뿐 어떤 일이든 강제로 하려고 하지 않았다. 임금의 자리에 앉아 있기만 한 것처럼 보였으나 무위의 다스림을 보여준 리더였다.

노나라 대부 계강자가 공자에게 정치하는 방법을 물었다. "만일 도가 없는 사람을 죽여서 다른 사람들을 도로 이끌어 나가면 어떻습니까?" 공자가 말했다. "대부께서는 어찌 정치하는 데 죽이는 방법을 사용하려고 합니까? 대부께서 선하게 하고자 하면 백성들도 선해지고자 할 것입니다. 군자의 덕은 바람이고, 소인의 덕은 풀입니다. 바람이 불면 풀은 바람 부는 대로 눕게 됩니다."[17]

임금이 스스로 실천하면 백성들은 따라하게 되어 있으니, 어질게 지도력을 발휘해야 한다는 말이다. 이것이 백성을 자발적으로 만드는 힘이다. 리더는 항상 구성원들은 자발적으로 하도록 힘써야 한다.

유학에서 말하는 무위는 은자들이나 도가에서 행하는 무위와는 다르다. 공자는 천하에 도를 세우기 위해 발벗고 나섰지

■ 《사기》
사마천이 중국과 그 주변 민족의 역사를 포괄하여 저술한 역사서이다. 상고시대인 황제 시기부터 한漢나라 무제까지의 역사를 기록했다. 〈열전〉에 가장 많은 비중을 두었고, 신비하고 괴이한 전설과 신화에 속하는 자료는 모두 배제하고 유가 경전을 기준으로 합리적으로 믿을 수 있다고 판단된 자료만 기록했다.

---

17 季康子問政於孔子曰 如殺無道하여 以就有道인댄 何如하니잇고 孔子
　　계 강 자 문 정 어 공 자 왈　여 살 무 도　　　　이 취 유 도　　　하 여　　　　　　　공 자
對曰 子爲政에 焉用殺이리오 子欲善이면 而民이 善矣리니 君子之德
대 왈　자 위 정　　언 용 살　　　　자 욕 선　　　이 민　　선 의　　　군 자 지 덕
은 風이요 小人之德은 草라 草上之風이면 必偃하나니라. 제12 안연 19장
　　풍　　　소 인 지 덕　　초　　초 상 지 풍　　　필 언

만 은자들은 세상을 등졌다.

　은자 장저와 걸익이 함께 밭을 갈고 있었다. 공자가 그곳을 지나가면서 자로를 시켜서 나루터가 어디에 있는지 묻게 했다. 자로가 가서 그들에게 묻자, 장저가 말했다.

"수레 고삐를 잡고 있는 분이 누구신가?"

"공자 선생님이십니다."

"노나라의 공자 선생 말인가?"

"그렇습니다."

"그분이라면 나루터를 아실 것이다."

　장저에게 대답을 듣지 못한 자로가 이번에는 걸익에게 묻자, 걸익이 물었다.

"그대는 누구인가?"

"자로라고 합니다."

"노나라 공자 선생의 무리인가?"

"그렇습니다."

"큰 강물이 도도하게 흐르듯 세상의 일도 그렇게 흘러가는

이 나라는
왕이 있는 거야
없는 거야?

그게
좋은 나라야

것이오. 그러니 누가 무엇으로 그 도도한 흐름을 바꿀 수 있겠는가? 그대는 사람을 피하는 선비를 따르는 것보다는 세상을 피하는 선비를 따르는 것이 어떻겠는가?"

말을 마친 걸익은 써레질을 계속했다. 자로가 돌아와서 공자에게 말하니, 공자는 한동안 가만히 있다가 말했다.

"사람은 새와 짐승들과는 함께 무리를 이루지 않는다. 내가 사람들과 어울리지 않고 누구와 어울리겠는가? 천하에 도가 행해지고 있으면 나도 관여해서 바꾸려 하지 않을 것이다."[18]

한번은 자로가 공자를 따라가다가 뒤처진 적이 있는데, 그 때 지팡이에 삼태기를 걸어 어깨에 메고 있는 노인을 만났다. "어르신! 저의 선생님을 보셨습니까?" 노인이 대답했다. "팔다리를 부지런하게 움직이지 않고, 다섯 가지 곡식을 분별하지 못하면서 누구를 선생님이라고 하는가?" 그리고 그 노인은 지팡이를 꽂아 놓고 김을 매었다. 그런 말을 듣고도 자로가 두 손을 공손하게 마주 잡고 서 있는 걸 보고, 그 노인은 자로를 자신의 집에 하룻밤 머물도록 해주었다. 닭을 잡고 기장으로

耦 짝 우
耕 밭갈 경
滔 물이 넘칠 도
耰 씨를 뿌릴 우
輟 하던 일을 멈출 철

---

18 長沮桀溺이 耦而耕이러니 孔子過之하실새 使子路問津焉하신대 長沮曰
  장 저 걸 익   우 이 경   공 자 과 지   사 자 로 문 진 언   장 저 왈
夫執輿者 爲誰오 子路曰 爲孔丘시니라 曰 是魯孔丘與아 曰 是也시니
  부 집 여 자 위 수   자 로 왈 위 공 구   왈 시 노 공 구 여   왈 시 야
라 曰 是知津矣니라 問於桀溺한대 桀溺曰 子爲誰오 曰 爲仲由로라
  왈 시 지 진 의   문 어 걸 익   걸 익 왈 자 위 수   왈 위 중 유
曰 是魯孔丘之徒與아 對曰 然하다 曰 滔滔者天下皆是也니 而誰以易
  왈 시 노 공 구 지 도 여   대 왈 연   왈 도 도 자 천 하 개 시 야   이 수 이 역
之리오 且而與其從辟人之士也론 豈若從辟世之士哉리오 하고 耰而不輟
  지   차 이 여 기 종 피 인 지 사 야   기 약 종 피 세 지 사 재   우 이 불 철
하더라 子路行하여 以告한대 夫子憮然曰 鳥獸는 不可與同群이니 吾非斯
  자 로 행   이 고   부 자 무 연 왈 조 수   불 가 여 동 군   오 비 사
人之徒를 與요 而誰與리오 天下有道면 丘不與易也니라. 제18 미자 6장
  인 지 도 여   이 수 여   천 하 유 도   구 불 여 역 야

지은 밥을 먹이고, 자신의 두 아들을 인사시켰다.

다음 날 자로는 그곳을 떠나 공자를 만났다. 전날의 일을 말하자 공자가 말했다. "그분은 은자시다." 그리고 서둘러 자로에게 되돌아가서 그 은자를 다시 만나보도록 했다. 자로가 그곳에 갔으나 그 노인은 이미 떠나버리고 없었다. 자로가 말했다. "벼슬을 하지 않는 것은 의로움이 없는 것이다. 어른과 아이 사이에서도 예절을 없앨 수 없는 것처럼, 임금과 신하의 의리를 어떻게 없앨 수 있겠는가? 벼슬을 하지 않는 것은 자신의 몸만 깨끗하게 하기 위해서 큰 윤리를 어지럽히는 것이다. 군자가 벼슬을 하는 것은 그 의로움을 행하는 것이니, 선생님께서는 이미 도가 행해지지 않음을 알고 계셨구나."[19]

유학의 무위는 아무것도 하지 않고 내버려두는 것이 아니라, 세상에 무위가 이루어질 수 있도록 적극적으로 실천하는 것이다.

---

19 子路從而後러니 遇丈人以杖荷蓧하여 子路問曰 子見夫子乎아 丈人
  자로종이후        우장인이장하조        자로문왈   자견부자호      장인
曰 四體를 不勤하며 五穀을 不分하나니 孰爲夫子오 하고 植其杖而
 왈  사체  불근     오곡   불분        숙위부자         식기장이
芸하더라 子路拱而立한대 止子路宿하여 殺鷄爲黍而食之하고 見
 운        자로공이립      지자로숙      살계위서이식지        현
其二子焉이어늘 明日에 子路行하여 以告한대 子曰 隱者也라 하시
 기이자언       명일   자로행      이고     자왈  은자야
고 使子路反見之러시니 至則行矣러라 子路曰 不仕無義하니 長幼之節
   사자로반견지        지즉행의      자로왈 불사무의     장유지절
을 不可廢也니 君臣之義를 如之何其廢之리오 欲潔其身而亂大倫이로
   불가폐야    군신지의   여지하기폐지      욕결기신이난대륜
다 君子之仕也는 行其義也니 道之不行은 已知之矣시니라.  제18 미자 7장
   군자지사야    행기의야    도지불행    이지지의

# 리더의 허물은 일식과 같다

   개인이나 조직이나 어떤 일을 이루기 위해서 조급해서는 안 된다. 자하가 거보의 재(고을 수령)가 되어 정치를 잘하는 방법을 묻자, 공자가 말했다. "빨리 성과를 내려고 하지 말고 작은 이익을 얻으려고 하지 말아야 한다. 빨리 성과를 내려고 하면 제대로 달성하지 못하고, 작은 이익을 얻으려고 하면 큰일을 이루지 못한다."[20]

   또 공자는 조급함을 버리면 시간이 오래 걸릴지라도 도를 이룰 수 있다고 말했다. "선인이 나라를 백 년 동안 다스리면 잔인한 사람을 교화시키고 사형 제도를 없앨 수 있다고 하니, 이 말이 진실로 옳구나!"[21] "덕이 있는 사람이 왕이 되더라도 반드시 한 세대가 지나야 백성들이 인자하게 된다."[22]

   결과를 빨리 이루려고 하기보다는 조직의 내실을 다져야 한다. 내실이 강하지 않은 조직은 금방 와해되기 때문이다. "교육시키지 않은 백성을 써서 전쟁을 하면 그 백성을 버리는 것이다."²³ 이는 항상 준비가 완벽하게 이루어진 다음에 큰일을 하라는 뜻이다.

조직의 우두머리가 공적인 일보다 사사로움에 우선순위를 두면 조직의 구성원들은 떠나게 되어 있다. 공자 또한 그러했다. "노나라 대부 계환자에게 제나라 사람이 춤을 잘 추는 미녀 악사를 보냈다. 계환자는 그들과 즐기며 노느라고 삼 일 동안 조회를 열지 않았다. 그러자 공자는 제나라를 떠났다."²⁴ 공자는 계환자가 뛰어난 능력이 있는 지도자라도 성실하지 않기 때문에 도를 이루어 성공하기 어렵고, 목표를 달성하더라도 그것을 오래 유지시킬 수 없다고 판단한 것이다.

"지혜가 높은 지위의 수준에 있더라도 인이 지위를 지킬 수 없으면, 비록 그 자리를 얻는다 하더라도 반드시 잃게 된다. 지혜가 높은 지위의 수준에 있고 인으로 그것을 지킬 수 있을지라도 장엄함으로 백성들을 대하지 않으면 백성들이 공경하지 않는다. 지혜가 자리의 수준에 있으며 인으로 그것을 지킬

速 빠를 속
勝 이길 승
殘 잔인할 잔

20 子夏爲莒父宰하여 問政한대 子曰 無欲速하며 無見小利니 欲速
자 하 위 거 보 재     문 정     자 왈   무 욕 속     무 견 소 리   욕 속
則不達하고 見小利則大事不成이니라. 제13 자로 17장
즉 부 달   견 소 리 즉 대 사 불 성

21 子曰 善人이 爲邦百年이면 亦可以勝殘去殺矣라 하니 誠哉라 是言也여.
자 왈 선 인   위 방 백 년     역 가 이 승 잔 거 살 의     성 재   시 언 야
제13 자로 11장

22 子曰 如有王者라도 必世而後에 仁이니라. 제13 자로 12장
자 왈 여 유 왕 자     필 세 이 후     인

23 子曰 以不敎民戰이면 是謂棄之니라. 제13 자로 30장
자 왈 이 불 교 민 전     시 위 기 지

수 있고 장엄하게 백성들을 대하더라도 예로써 백성들을 독려
하지 못하게 하면 선하지 못한 것이다."²⁵ 리더는 아랫사람이
나 구성원을 움직이게 하려면 솔선수범하되 인간의 가장 기본
인 예를 지켜야 한다.

자장이 공자에게 물었다.

"어떻게 하면 정치를 잘할 수 있습니까?"

"다섯 가지 아름다운 것을 높이고, 네 가지 악한 것을 물리
치면 정치를 잘할 수 있다."

"다섯 가지 아름다운 것이 무엇입니까?"

"군자는 은혜를 베풀지만 낭비하지 않고, 백성에게 일을 시
켜 백성을 수고롭게 하지만 원망을 사지 않고, 의욕은 넘치지
만 탐욕스러운 마음은 없고, 태연하지만 교만하지 않고, 위엄이
있지만 사납게 행동하지 않는다."²⁶

자장이 다시 물었다.

"무엇이 은혜를 베풀지만 낭비하지 않는 것입니까?"

"백성이 이롭게 생각하는 것을 마련하여 이롭게 해주니, 이

雖 비록 수
敬 공경할 경
尊 우러러볼 존
惠 은혜 혜
費 소비할 비
貪 탐할 탐
威 위엄 위

---

24 齊人이 歸女樂이어늘 季桓子受之하고 三日不朝한대 孔子行하시다. 제18 미자 4장
　　제 인　귀 여 악　　　　계 환 자 수 지　　삼 일 부 조　　　공 자 행

25 子曰　知及之라도 仁不能守之면 雖得之나 必失之니라 知及之하며
　　자 왈　지 급 지　　인 불 능 수 지　　수 득 지　　필 실 지　　　지 급 지
　　仁能守之라도 不莊以涖之면 則民不敬이니라 知及之하며 仁能守之하
　　인 능 수 지　　부 장 이 리 지　　즉 민 불 경　　　　지 급 지　　　인 능 수 지
　　며 莊以涖之라도 動之不以禮면 未善也니라. 제15 위령공 32장
　　　장 이 리 지　　동 지 불 이 례　　미 선 야

26 子張이 問於孔子曰 何如라야 斯可以從政矣니잇고 子曰 尊五美하며
　　자 장　문 어 공 자 왈 하 여　　　사 가 이 종 정 의　　　자 왈 존 오 미
　　屛四惡이면 斯可以從政矣리라 子張曰 何謂五美니잇고 子曰 君子 惠
　　병 사 악　　사 가 이 종 정 의　　자 장 왈 하 위 오 미　　　자 왈 군 자 혜
　　而不費하며 勞而不怨하며 欲而不貪하며 泰而不驕하며 威而不猛이니라.
　　이 불 비　　노 이 불 원　　욕 이 불 탐　　태 이 불 교　　위 이 불 맹
제20 요왈 2장

것이 은혜를 베풀지만 낭비하지 않는 것이다. 또한 부득이하게 해야만 할 일을 선택하여 수고롭게 하니, 누구를 원망하겠느냐? 인을 실현하기 위해 의욕적으로 인을 행하는데, 어찌 개인적인 탐욕을 갖고 하겠느냐? 군자가 많고 적음을 따지지 않고 큰 일 작은 일에 관계없이 백성을 교만하게 대하지 않으니, 이것이 바로 태연하지만 교만하지 않은 것이다. 군자가 백성을 대할 때 용모를 단정하게 하고, 공경하는 시선으로 엄숙하게 바라보면서 조심스럽게 행동하니, 이것이 위엄이 있지만 사납게 행동하지 않는 것이다."[27]

리더가 중용의 도에 맞게 판단을 하면 원망이 없다. 리더는 목표에 도달하기 위해 의지를 갖고 성실하게 행하되, 사사로운 이익을 추구하지 않고 도를 바탕으로 목표를 이루려 하고, 조급함을 버리고 여유로운 모습으로 구성원들을 대하고, 구성원들을 겸손하게 대해야 한다. 신중한 행동을 보이되, 친근감 있게 대하여 권위적으로 보이지 않게 행동하는 것이 바로 오미, 다섯 가지 아름다운 행동이다.

擇 택할 택
慢 게으를 만
瞻 볼 첨
儼 의젓할 엄
望 바랄 망

---

27  子張曰 何謂惠而不費니잇고  子曰 因民之所利而利之니  斯不亦惠而
   자 장 왈 하 위 혜 이 불 비        자 왈 인 민 지 소 리 이 리 지      사 불 역 혜 이
不費乎아  擇可勞而勞之어니  又誰怨이리오  欲仁而得仁이어니  又焉貪
불 비 호     택 가 노 이 노 지       우 수 원          욕 인 이 득 인         우 언 탐
이리오  君子는 無衆寡하며  無小大히  無敢慢하나니  斯不亦泰而不驕乎
         군 자    무 중 과        무 소 대     무 감 만         사 불 역 태 이 불 교 호
아  君子는 正其衣冠하며  尊其瞻視하여  儼然人望而畏之하나니  斯不亦
    군 자    정 기 의 관       존 기 첨 시       엄 연 인 망 이 외 지         사 불 역
威而不猛乎아.  제20 요왈 2장
위 이 불 맹 호

자장이 물었다. "그럼 네 가지 악한 것은 무엇입니까?"

공자가 말했다. "미리 가르쳐주지 않고 죽이는 것은 학살이며, 미리 알려주지도 않고 성공하지 못한 결과만 보고 벌주는 것은 포악한 것이며, 명령은 태만하게 하면서 급박하게 기한을 재촉하는 것은 일을 그르치는 것이다. 당연히 지불해야 할 돈인데도 인색하게 구는 것은 옹색한 하급 관리나 하는 짓이다."[28] 이처럼 리더가 덕이 없는 모습을 보이면 예나 지금이나 리더의 자질이 없어 보이고 옹졸해 보인다.

리더는 조직이 흥하거나 망하거나 항상 구성원들보다 주목받는다. 자공은 "군자의 허물은 일식이나 월식과 같아서 잘못이 있을 때에는 모든 사람들이 그것을 보고, 그것을 고쳤을 때에는 모든 사람들이 우러러본다"[29]고 말했다. 그것은 리더가 그 조직을 대표하기 때문이다. 조직이 흥할 때는 명예가 따라오지만, 조직이 잘못되었을 때는 나쁜 평가를 받는다.

자공이 은나라 왕에 대해 말한 것으로도 알 수 있다. "은나라의 폭군 주왕의 불선함이 전해지는 것만큼 심한 것은 아니

虐 사나울 학
戒 알릴 계

---

28 子張曰 何謂四惡이닛고 子曰 不敎而殺을 謂之虐이요 不戒視成을 謂
   자장왈   하위사악       자왈 불교이살   위지학       불계시성     위
   之暴요 慢令致期를 謂之賊이요 猶之與人也로되 出納之吝을 謂之有
   지포   만령치기   위지적       유지여인야       출납지린   위지유
   司니라.  제20 요왈 2장
   사

29 子貢曰 君子之過也는 如日月之食焉이라 過也에 人皆見之하고 更
   자공왈   군자지과야     여일월지식언     과야   인개견지       경
   也에 人皆仰之니라.  제19 자장 21장
   야   인개앙지

었다. 그렇기 때문에 군자는 모든 물이 모여드는 하류에 있는 것을 싫어하는 것이다. 하류에 있으면 세상의 모든 악한 것이 그곳으로 몰리기 때문이다."30

공자는 자신의 뜻을 펼치기 위해 천하를 주유하면서 인과 예를 강조했다. 하지만 자신의 이상이 실현될 수 없다는 것을 깨닫고 고향으로 돌아와 제자들을 가르치는 데 힘썼다. 자신의 꿈을 이루지 못했지만 자신이 가르친 제자들이 정치에 참여하여 자신이 품었던 뜻을 펼쳐주기 바랐기 때문이다.

---

30 子貢曰 紂之不善이 不如是之甚也니 是以로 君子惡居下流하나니
   자 공 왈  주 지 불 선   불 여 시 지 심 야   시 이    군 자 오 거 하 류
   天下之惡이 皆歸焉이니라. 제19 자장 20장
   천 하 지 악   개 귀 언

**염유**(冉有, 기원전 522~?)

노나라의 정치가로. 자(字)는 자유(子有)이다. 공자의 제자로 자로와는 상반되는 성격으로 여겨진다. 화술이 뛰어난 유능한 행정가이자 장군이었다. 공자의 추천으로 노나라의 실세 계씨가의 가신으로 등용되자 공자의 가르침보다 계씨의 정책을 추진해 공자의 미움을 받았다.

**자로**(子路, 기원전 542~기원전 480)

노나라의 학자이자 관료로, 자는 자로 또는 계로(季路)이며 변(卞) 사람이다. 공자의 핵심 제자 중 한 사람으로, 공자가 천하를 유세하는 동안 고난을 끝까지 함께했다. 공자가 살아 있을 때 위나라에서 공씨의 가신이 되었으나 왕실 계승 분쟁에 휘말려 괴외의 난 때 죽었다.

**자유**(子游, 기원전 506~?)

오나라의 유학자로 성은 언(言)이고 이름은 언(偃)이며, 자는 자유다. 안연, 자하와 함께 공자가 가장 아낀 제자였으며, 문학에서 뛰어난 것으로 손꼽혔다. 무성(武城)의 재상이 되어 예악으로 정치를 펼쳤다.

**자하**(子夏, 기원전 507?~기원전 420?)

위나라 사람으로 성은 복(卜), 이름은 상(商), 자(字)는 자하이다. 문학에 뛰어났으며 과유불급의 주인공으로, 넘친다는 평을 받은 자장에 비해 지나치게 겸손해서 불급하다고 평가되었다. 공자는 시경을 논할 만하다고 했을 정도로 말년에 그를 가장 아끼면서 선비라고 평가했다.

# 참고문헌

**고서古書**

《논어》, 《맹자》, 《중용》, 《대학》, 《시경》, 《사기》

**단행본**

김도연, 《집주 통감절요 1》, 아세아문화사, 1982.

김석진, 《대산대학강의》, 한길사, 2000.

김석진 · 신성수, 《대산중용강의》, 한길사, 2004.

노사광, 정인재 옮김, 《중국철학사》, 탐구당, 1986.

유승국, 《동양철학연구》, 근역서재, 1983.

_____, 《한국사상과 현대》, 동방학술연구소, 1988.

유정동, 《동양철학의 기초적 연구》, 성균관대학교 출판부, 1986.

서경요, 《한국유교지성론》, 유교문화연구소, 2003.

서경요 · 김유곤, 《조선조 유학자의 중용읽기》, 도서출판 문사철, 2009.

성백효, 《현토완역 논어집주》, 전통문화연구회, 1990.

_____, 《현토완역 맹자집주》, 전통문화연구회, 1991.

유교사전편찬위원회, 《유교대사전》, 박영사, 1990.

이기동, 《논어강설》, 성균관대학교 출판부, 1991.

_____, 《논어에서 얻는 지혜》, 동인서원, 1998.

# 찾아보기

## 청소년을 위한 **논어**

**초판 1쇄 발행** 2025년 03월 28일

**원저자** 공자
**지은이** 심범섭
**펴낸이** 최석두

**펴낸곳** 도서출판 평단
**출판등록** 제2015-000132호(1988년 7월 6일)
**주소** (10594) 경기도 고양시 덕양구 통일로 140 삼송테크노밸리 A동 351호
**전화** (02) 325-8144(代)
**팩스** (02) 325-8143
**이메일** pyongdan@daum.net

ISBN 978-89-7343-583-9 (03820)